図書館つれづれ草

―ライブラリアンシップを考える現場ストーリー集―

坂井暉

樹村房

刊行によせて

田窪　直規

坂井暉先生とはじめてお会いしたのは、いつのことだっただろうか。私の人脈データベースを見るに、1995年8月25日とあるので、もう20年以上も前のことである。はじめてお会いした時、先生は、いかにも人のよさそうな雰囲気で、ニコニコしながら話しかけてくださった。それ以来、福岡と大阪ということもあり、密にはお会いできないが、いい意味で、付かず離れずのお付き合いをさせていただいている。ただし、お世話になるのは、いつも当方である。ある時は、高知大学から集中講義の講師の紹介を頼まれて、ご相談したところ、いやな顔一つせず引き受けてくださり、また、ある時は、近畿大学通信教育部の司書課程の講師をお願いしたところ、二つ返事でお引き受けくださった。先生から見ると、一回り以上若輩者の私が、ギブ・アンド・テイクではなく、テイク・アンド・テイクばかりしているのに、ニコニコ、ニコニコお付き合いしてくださっている。このようにお世話になりっぱなしの先生から、本書の「刊行の辞」をというお話をいただいた。大変ありがたいことであり、光栄なことでもある。

本書は14編からなるストーリー集（小説集）である。坂井先生は、複数の公共図書館の立ち上げに携わられ、館長も経験された。この14編を読めば、これらは、このような坂井先生の印象に残る経験や体験に基づくものであることが、すぐにわかる。したがって、主人公のモデルは坂井先生であり、所収の作品は私小説といえる。

本書は、右記のとおり小説仕立てなので、読みやすい。しかしながら、各編の内容は深く、そのそれぞれが、図書館関係者にとって、戒めとなったり、考えさせられる話題（エピソード）で構成されている。特に、全編を通じて感じることは、図書館は行政組織の中にあるので、図書館員は「司書馬鹿」では務まらず、彼（彼女）らには、行政マンとしての知識やセンスが求められている、ということである。なお、これは図書館の世界とは関係ないことだが、先生の作品からは、人間関係の機微や、先生の自負も伝わってくる。

図書館員には、是非読んでいただきたいが、図書館情報学を学ぶ学生にも、読ませたいという感想を持った。というのは、図書館員にとって重要な事ごとが、抽象的に論じられるのではなく、具体的なストーリー展開の中にちりばめられているので、わかりやすいからである。

図書館員や図書館情報学を学ぶ学生は、小説を楽しみながら、考えさせられ、勉強もできる。こんなユニークな図書館関係の本があっただろうか。しかも、私小説なので、先生の人生も追体験できる。県立の大学図書館や公共図書館に勤務され、複数の公共図書館の立ち上げと館長を経験された先生の人生は、実に示唆に富むものであり、これを追体験できるのは、ありがたいことである。

読者には、是非、卓越した図書館員の人生を追体験しつつ、小説を楽しみ、色々と思いをめぐらせていただきたい。

２０１６年４月

（近畿大学司書課程）

図書館つれづれ草 ――もくじ――

1 図書館は、利用者の秘密を守る

「チーフ、警察の方が見えてます」

「どこに？」

「カウンターに」

「そう。すぐ行く」

中原は、席を立ってカウンターへ向かった。

「チーフの中原です。どういった用件でしょうか？」

見ると、屈強な体格の人物が立っていた。

「福岡県警の捜査一課長の長島です」

と言って、彼は黒い手帳をみせた。

中原は、何か悪いことやったかな？　といぶかりながら、さらにたずねた。

「用件は何でしょう？」

「いえね、実は、昨日、私どもの警察官が、不審な動きをしている男をＨ駅の前で職質しましたところ、突然逃げ出しましてね。追って捕まえたところ、これを所持しておりました」

と言って、1枚の写真を中原の前に出した。

「！」

言葉にならない。彼は、かろうじて口を開いた。

「何ですか？　これは！」

「見てのとおり、血のついた包丁です」

長島は続けた。

「捕まえた男が言うには、『実は、人を殺したんだ。どうしてよいのかわからず、とにかく逃げようと思っていたところを、警察につかまったんだ』と言うんです」

中原はそれでも腑に落ちない。だから何だって言うんだろう。

「それで、この図書館とは、どう繫がるんですか？」

捜査一課長は言った。

「こちらで調べたところ、一昨日の夜11時ごろ、千代町にある居酒屋で、客同士が喧嘩になって、止めようとした居酒屋の主人が刺される事件があったと所轄からの報告で明らかになりました。ほかの客が救急車を呼んで主人は病院に運ばれましたが、今朝方、息を引き取ったそうです」

捜査一課長は、なおも続けた。

「所轄の警察官が、H駅前で職質のうえ男を捕まえたとき、喧嘩の現場で使ったと思われる包丁をもっていたんです。新聞紙に包んでですね」

彼は、ここで一息ついた。そして続けた。

「警察としては、殺人事件として、彼を重要参考人で取り調べておりますが、その取り調べの中で、不審な点が出てきましてね」

捜査一課長は、ここまで話して、中原の顔を見た。そして一気に結末まで話を続けた。

「殺人の凶器と見られる包丁を包んでいた紙は、実は新聞紙じゃなかったんですよ。電話帳の複写物だったんです。それも東京の新宿区のですね。電話帳をもっているところは、図書館だろうと目星をつけて、今、警視庁に依頼して新宿区内の図書館を調べています。ただ、重要参考人が言うには、『自分は一昨日広島から博多に来て、午後3時半ごろ、H駅の近くにある図書館で新聞を見た』そうです」

「図書館に来たと言っているんですか？　H駅の近くの図書館といえば、ここの県立図書館しかないですね」

「そうです。福岡で東京の電話帳が見られるところは、どこだろうと思って、NTT福岡支局に問い合わせたところ、県立図書館には全国の電話帳があるというじゃありませんか。おそらく何かの都合で新宿区内のどこかに電話する用事ができて、県立図書館に行き、電話帳を複写したのではないかと」

「ありえますね……」

捜査一課長の長島は、ここで意気込みながら続けた。

「そこでです、中原さん。図書館では、その電話帳は自由に見られるんですか？」

「ええ、自由に見られますよ。あそこの角にある書架に、全国の電話帳を並べていますから」

中原は、カウンターから見て右側の突き当たりにある特設書架を指さしながら言った。

捜査一課長は、指された方向を見ながら、

「その電話帳は複写できるのですか？」

「複写できますよ。このカウンターの左端に複写機があります。そこに置いてある〈複写願い〉に書いて、司書に提出したら、司書が複写をしていい資料かどうかを判断して、よかったら複写できます。1枚10円かかりますが……。お金を複写機に備えているコイン・ボックスに入れたら、自分で複写できますよ」

「その〈複写願い〉は、まだあるんでしょうね」

中原は、ここまできてようやく、捜査一課長が、わざわざこの図書館に来た理由がわかった。

課長の言う重要参考人と目される人が、取り調べの中で話したこと、つまりH駅の近くにある図書館に来たかどうか足取りの証拠を取りに来たのだ。全国の電話帳があるかどうか、あればそれが複写できるかどうか、できればその手続きのなかに、何か証拠になる物があるかもしれないと考えたのだろう。確かに、〈複写願い〉には、氏名と複写理由と複写資料名が書かれている。これを必要としているのだ。中原は言った。

「はい、ありますよ。統計資料に必要ですから。もっとも、統計が終わったら焼却しますが」

「その〈複写願い〉とやらを、見せてください。場合によっては、重要な証拠品となるかもしれませんから」

捜査一課長は、当然のこととして言った。

中原は悟った。これが、全国の公共図書館で度々発生するという、捜査機関が犯罪捜査の名を借りて、図書館利用者のプライバシーを侵害する行為の一環だということを。

中原は、捜査機関が、特定の資料を利用した者の名前を知るために、図書館がもっている図書館内で閲覧した読書記録〈閲覧請求書〉や、〈館外貸出書〉を権力で閲覧したり、警察署に持ち帰ったりした時代があったことを思い出した。

昭和20年8月15日にわが国が第二次世界大戦に敗れる以前、軍国主義華やかなりし頃のことである。当時は軍国主義遂行に反対する資料（図書）を読んでいる者を、危険人物、いわゆる思想犯として検束し、社会から隔離していた。資料の中身が、時の権力者の施政方針に反するものであったり、国が主張している思想や主義に反しているものを読んだり筆記したりしたことを、とがめたのである。要は、読んでいる資料を通して、読者の思想をはかったのである。その道具として資料があり、資料を置いている図書館があった。

当時、図書館で資料を閲覧しようものなら、ただちに警察（思想犯を摘出する役割を果たす警察は、〈特別高等警察〉と呼ばれ、世間から恐れられていた）に連れて行かれるという風評が立ち、図書館に対する信用は失われていた。だから、戦後は、図書館の信用を取り戻すために、色々な事を考え行ってきた。

日本は敗戦国となってから、連合国最高司令官総司令部（ＧＨＱ）の支配下にあった。そして主にアメリカ主導で社会教育の充実を図る一環として、昭和25年に「図書館法」が制定され、やっと公共図書館サービスの方向性が決まった。しかし、図書館がこれまで行ってきた軍国主義の先導的な役割の影響で、「図書館は怖いところ」との印象がなかなか国民の脳裏から消えなかった。昭和22年の5月3日には、民主国家を高らかに主張して、新しい日本国憲法が施行されたというのに……。過去を振り返ると、図書館は、それだけ恐れられていたところだ。

図書館には、戦争遂行に反対するような図書や雑誌などを、いっさい置いてはならなかった。これが善導主義の考えによるものとされたのだから、とんだ茶番である。日本は負けてよかったのかもしれない。そのお陰で知りたいこと、読みたいこと、観たいことが自由にできる世の中になったのだから。

早く自由な雰囲気の図書館で好きな読書ができるようになればよいのだが、戦時下での、軍人が幅をきかせた時代があまりにも長かった。新しい憲法がうたう思想や言論の自由などは、国民も戸惑ったが、図書館はもっと戸惑った。なにせ図書館の一つひとつが独立していて、統括的でなく、それぞれの立場や考えのもとで運営されていた。

当時も、日本には「日本図書館協会」というものがあったが、これがまた、任意団体で何の統括力もなく権限もなかった。それでも全国大会で「図書館の自由に関する宣言」を採択して、形だけでも図書館は権力の配下にあるのではないことを天下にアピールした。

図書館は憲法が示す基本的人権を守る、国民の知る権利を実現するために読書施設を国民に公開、利用を容易にして、読みたい資料を揃え、国民に提供する、これらが図書館の使命であることを宣言したのである。昭和29年のことだった。

読者にとって、読んでいる資料を他人に知られることは、最も忌み嫌うものである。秘密にしたいことがらである。その人にとっては、重要なプライバシーなのである。資料を集めて利用者に提供することを業務とする図書館では、仕事上、利用者の氏名・住所・職業や電話番号などの個人情報を預かっている。利用者がこれらの重要な個人情報を図書館に預ける目的は、ただ一つ、資料を利用するため。そして、図書館には、その者の「読書記録」や「利用事実」などの記録も残る。これも重大なプライバシーであり、本人にとっては、他者に知られたくない秘密事項である。

そこで日本図書館協会は、昭和54年に先の「図書館の自由に関する宣言」を総会に諮って改正し、第3項に「図書館は利用者の秘密を守る」という一文を追加した。それでも捜査機関などが執拗に、これら「利用記録」を求めて来るなら、法治国家としての最低限のエチケットである、日本国憲法第35条により、裁判官が発する令状を必要とした。

しかし、この「図書館の自由に関する宣言」は、あくまでも私的団体である「日本図書館協会」が決めた、図書館職員の綱領的なものであって、国会で議決した法律ではない。したがって強制力はない。

そこまで考え、中原は、捜査一課長の長島に、どう切り出そうかと迷っていた。

すでに昭和26年9月8日、「対日講和条約」が一部共産主義国家を除いた国々と締結されている今日、対外的にも「国家主権」が回復され、独立国家としての活動が認められている。そして日本国憲法を基に社会が構成されているのだから、捜査一課長が、戦前・戦中のように、図書館の利用者の〈複写願い〉の提出や閲覧を求める真意が中原には理解できなかった。下手をすると図書館への不信の引き金にもなりかねない。

中原は、「図書館の自由に関する宣言」を思い出し、考えた。その中の一つに「図書館は利用者の秘密を守る」とあるではないか。しかし、この場合、この条文が当てはまるのかどうか？　とにかく使用の目的を聞いて見ようと思った。

「一体、何に使われるのですか？」

捜査一課長は、なぜそのようなことを聞かれるのか不思議そうな顔をしたが、こともなげに、答えた。

「捜査の資料としてです」

中原は、やっぱりそうかと思った。

「せっかくのお申し出ですが、図書館を利用されている方の情報はご本人のプライバシーに当たりますから、誰にもお見せすることはできません。お断りいたします」

これを聞くや、捜査一課長の顔が曇り始めた。

「この事件は、殺人事件ですよ。殺人に使用されたとみられる凶器を包んでいた紙が、東京版の電話帳の複写物とわかり、それを自由に閲覧できて、複写できるところは、この図書館しかない。図書館へその複写を願い出たときには、当然名前などを書くでしょうから、それを確認すれば、重要参考人が確かにこの図書館に立ち寄ったことの裏づけとなる。これは、私ども警察にとって、重要な証拠となりますから、課長の私が参った次第です。どうか見せてください」

中原は、いよいよ困った。捜査一課長とのこれまでのやりとりは、警察手帳を見せられたときから、カウンターを離れ、奥のレファレンスブースのなかで行われていたので、ほかの来館者には聞こえなかったと思われる。しかし、レファレンスのカウンターに座っているレファレンサー（司書）には聞こえていて、中原と捜査一課長との話の内容がわかっていたのだろう。時折、不安そうにブースの中を窺っていた。

中原の頭の中では、「図書館の自由に関する宣言」「図書館は利用者の秘密を守る」の字句が、目まぐるしく回転していた。

「図書館の自由に関する宣言」には、「図書館は、読書記録以外の図書館の利用事実に関しても、利用者のプライバシーを侵さない」ともある。この規定を当てはめて考えると、電話帳を閲覧したという記録は、県立図書館では取っていないので、その事実はない。また、入館者の記録も取っていないので図書館の利用事実もない。とすると、電話帳の複写が必要となったので、カウンターに行って〈複写願い〉へ記入し、カウンターの司書に渡した。このことは、読書記録と図書館の利用事実の表現になるのではないか。そうだ、そのとおりだ。

中原は、意を決して言った。

「確かに、〈複写願い〉には、名前と複写をする資料名とその枚数とが記してありますが、しかし、これをお見せするわけにはいきません」

「どうしてですか？　殺人事件ですよ！」

捜査一課長は追い打ちをかけた。中原は、大きくため息を吐きながら考えた。今さらこの課長に、戦前・戦中の図書館が置かれていた状態や、思想犯捜査に名を借り図書館利用者の読書記録を押収して善良な国民を苦しめたことを言っても、馬耳東風でむだになるだろうということを。

中原は言った。

「殺人事件の証拠の裏づけだからといって、図書館は、利用者からお預かりした、大切な個人の情報をお教えすることはできません。それは、人に知られたくないプライバシーだからです」

捜査一課長の顔が赤くなり、そして白くなっていくのがわかった。あきらかに怒ったのである。どうやら我慢が極限にきたようだ。言葉が荒くなり、明らかに権力の行使、つまり伝家の宝刀を抜いてきた。

「それじゃ仕方がない。館内を捜索しますよ。私は警視正の階級にあり、司法警察員の資格があるから……。いいですね！」

と、すごみ始めた。

中原は、たじろがなかった。

「私は、あなたが館内を捜索することを拒否します。あなたが警視正でしたら、お話しすればおわかりいただけると思います。

私どもが、図書館の利用者から大切なプライバシーとなる情報をお預かりしており、また利用者も安心して情報を提供されているのはですね、図書館にある図書や雑誌、ビデオなどの資料を利用するためなんです」

捜査一課長は、「それはよくわかるからな」と、うなずいた。

中原は、続けた。

「つまり、利用者は図書館にある資料を利用する目的で、自分の情報を図書館に預けているのです。預かった情報をその目的以外に使うことは、利用者への背信行為だと思いませんか？」

「なるほど、利用者に対する背信行為か。考えましたね」

「いえ！　考えたのではありません。図書館の利用者との信用関係を維持するために、絶対に必要なことではないでしょうか。こう考えてくると、あなたが今日、おいでになった用件も、ご理解いただけると思いますが……」

捜査一課長は言った。

「いや！　それはそれ。これはこれ。やっぱり犯罪捜査のために、決め手となる証拠を……」

中原は、後を継いだ。

「私たち図書館員は、図書館の運営に当たって、業務上知り得た秘密は、これを守らなければならない、いわゆる地方公務員法上の義務があるのです。これは課長さんも同じですよね。問題は、これら図書館利用者の個人情報が業務上の秘密に当たるかどうかです。しかし、個人が他人に知られたくない自分に関係する情報を業務上握っている図書館員としては、やはり業務上の秘密であって、私たちは、これを他人には教えることはできないんです。

先ほど、課長さんは言いましたね。館内を捜索するぞと。警視正で司法警察員の資格があるからってね。確かに、司法警察員ですよね。なにせ捜査一課の警察官ですから。しかし司法警察員は、警部補か警部以上にはあるんじゃないのですか。

館内の捜索、司法警察員だったらできるんですか。確か、日本国憲法の第35条以下に規定があると思いますが、適正捜査の用件として、普通逮捕、捜索、差し押さえや身体検査を行う場合は、裁判官が発する令状を必要とするとありますね。その手続きは済んでいるのですか。確か令状には必要要件がありますが、それらは、被疑者の氏名、容疑、捜索する場所とか捜索する物件などと詳しく刑事訴訟法には書かれていますよね。単に警察署長とか警部とかの印鑑が押印された〈犯罪捜査協力依頼書〉などを持って来たって、それは無効だと思いますよ。

いかがですか？　令状があれば、私が確認して、立ち会いましょうか？」

捜査一課長の長島は、途端に態度が変わって
「いえ！　令状は持って来ていません。捜索はしません。それにしても、あなたは法律に詳しいですね。名刺によりますと、参事でチーフレファレンサーとか」

「それは単なる職名に過ぎません。なんでしたら、せっかく一課長さんがお見えになられたので、

館長室にご案内しましょうか？」

捜査一課長の長島は言った。

「それには及びません。ここで失礼します」

「今度来られるときは、捜索令状と差し押さえ令状をお忘れなく。失礼しました」

と、中原。

捜査一課長の長島は、エントランスから玄関を出て、バス通りに向かって行った。

レファレンスのカウンターは、ひっきりなしに電話のベルで賑わい、司書たちが分厚い図書を抱えて、利用者と一緒に調べ物をしていた。

中原は、やっといつもの落ち着きを取り戻し、今までの出来事を館長に報告しようと、電話の受話器を取った。外は、午後5時を過ぎ、冬の夕闇が迫っていた。閲覧室は、多くの利用者が調べ物のため、立ち回っていた。明日もまた忙しい1日が始まる予兆を感じていた。

しかし、中原の気持ちは冴えなかった。あの捜査一課長が何回も繰り返した言葉が、胸に突き刺さって離れなかったのだ。

「ことは殺人事件ですよ」

との言葉が。

図書館は、確かに国民の基本的人権の一つといわれている「知る権利」に応じるために、多くの資料を集めて、それを必要とする人に、自由に提供するように努めている。これが図書館の最も大きな仕事である。

一方で、図書館は、利用者が安心して資料を読めて、今、読んでいる、あるいは借り出している資料を、他の誰にも知らせないことを保障する。確かにこのことは、個人の読書の秘密を守り、幸福の追求権を尊重する面では、重要で大切なことだ。

だが、しかしと中原は考える。

殺人という反社会的行為をしでかした犯人は、1日も早く捕まえて、罪を償うために社会から隔離した方が社会のためであり、大きな社会的利益といえるのではないか。その逮捕の手がかり、証拠の裏づけとして、今日の捜査一課長のように、いわば証拠の証拠としての資料を求めてくることに対し、個人のプライバシーを根拠として、証拠になると思われる資料の閲覧を拒否することは、果たして社会正義と言えるのだろうか。もし図書館がその資料を提供したことによって、殺人の実行犯を捕らえることができるのなら、第二、第三の犠牲者を出さずに済むことになる。

中原は、ここまで考えて、ハッと気が付いた。これは憲法第13条の「公共の福祉」に当てはまらないだろうかと。

憲法には、国民の基本的な人権は、それが公共の福祉に反しない限り、最大に尊重するとある。

中原は、手もとにある六法全書のページをめくりながら、日本国憲法の項を開いて、第13条の見出しをたどって見た。そこには確かに「個人の尊重、幸福追求権、公共の福祉」がうたわれている。

中原は、本文を読んだ。みるみる顔に曇りがきた。

本文をよく読んでいくと、最後の下りに「立法その他の国政のうえで」とあるではないか。つまりこの条項を読む限り、「国民の権利」は、「公共の福祉」に反しない限り、国は立法やその他の国政の上で、最大の尊重を必要とするものであり、いわゆる国家権力から国民の人権を守るとあるんじゃないか。だったらこの規定は、国家と国民との関係を結ぶものかな……と、中原は考えた。

つまり、国家が相手の場合は、国民はこの条項で、国家の権力を縛るということである。

これじゃ図書館と利用者の関係には、何ら無関係の条項ではないか。

いや、待てよ。今日起きたことは、図書館がもっている、あるいは保管している〈複写願い〉の閲覧請求であった。

中原は、これを拒否した。理由は図書館の業務を遂行するために必要な、利用者のプライバシーの保護にあった。

捜査一課長の目的は、具体的には〈複写願い〉を通しての「氏名」にあった。これさえわかれば殺人の重要参考人と目される一人の人間の行動が確認され、今後の捜査方針の参考になったはずであった。それは、重要参考人が殺人の容疑者になるかどうかの重要な資料となったのかもしれないと、中原は考えた。容疑者が逮捕されれば、社会の治安と安全が保たれ、他に犠牲者が出る危険性がなくなって、平安な秩序が保たれ、多くの人々に安心感を与えたのかもしれない。中原の考えは、「捜査一課長の、〈複写願い〉閲覧の請求は、いわゆる公共の福祉に当てはまるものではなかったか？」と、際限なく広がっていく。

しかし、この適用は憲法の条文によると、「立法その他の国政」とあることに気が付いた。ここで中原の頭は、次の問題に発展していった。それは、公立図書館は憲法でいう「その他の国政」の範疇に入るのだろうかということである。国政とは、言うまでもなく国のまつりごとである。公立図書館は、図書館法の第2条2項によれば、地方公共団体が設置した施設であるとの定めがある。それならば、地方公共団体の業務は、「その他の国政」の範疇に含まれるのだろうか。

そこで、次に考えたことは、地方公共団体とは何か、どんな性質をもった団体かであった。細かい法律の考え方は抜きにして、概略を追っていこうと考えた。地方公共団体の、基本的な根拠規定は、憲法第93条にある。ここには、地方公共団体の成立の趣旨として、「地方自治の本旨」を実現するために、他に法律を制定するとある。「地方自治の本旨」とは、本来国がしなければならない業務を、地方の実情に応じた住民の幸福追求のために委ねることではないだろうかと中原は考えた。

その法律とは、言うまでもなく「地方自治法」である。中原は、「地方自治法」の項を聞いた。

案の定、「地方自治法」の第1条の2の1項に、地方公共団体は住民の福祉を図ることを基本として成立し、地域における行政を自主的に総合的に実施する役割を持つものとされ、さらにその第1条で、国と地方公共団体との間の基本的な関係を確立する旨を目的とすると定められている。

これでわかった。国と地方公共団体とは、一心同体的な存在であることが。すると、憲法第13条に定める「その他の国政」には、当然、地方公共団体も含まれることがわかったのである。

こう考えてくると、憲法第13条にいう「公共の福祉」は、地方公共団体にも国政同様に適用されることになる。

さて、こう考えてくると、殺人という反社会的行為を行ったと思われる重要参考人が図書館の資料を複写したとする資料である〈複写願い〉の閲覧を請求した捜査一課長に、閲覧拒否をした自分の行為は、正しかったのかとの反省がただよってくる。

中原は、捜査一課長に、どうしても〈複写願い〉を閲覧し、場合によっては捜査上で証拠として必要であると思われたら、刑事訴訟法第218条の捜索、差し押さえに必要な、裁判官が発した令状が必要であることを伝えたのだった。これは憲法第35条の適正捜査を保証する規定であり、その定めによって刑事訴訟法第218条がある。令状を求めたことは、法治国家の行政執行者としては、当然のことであったと中原は考えた。

そうであれば、個人のプライバシーを侵すようなことが、なぜ、令状1枚でできるのだろうか。

また中原は、頭を抱えてしまった。個人の大切な情報を令状1枚で……。それだったら、何でもかんでも、令状さえあれば事は済んでしまうではないか。令状には、なんでそんな効力があるのだろうか。中原は、ありったけの法的知識を、頭の中から引っ張り出して考えた。

これは、一概に結論は出ないと思った。順序立てて考える必要がある。国民が人間として持つ基本的人権を、いとも簡単に一枚の紙（令状）で拘束されることは、あり得ないことである。

問題は、この令状の性質にあるのではないのか。

令状は、司法官憲が発するものと憲法第35条にはある。そして刑事訴訟法第218条1項に、裁判官が発する令状とあるところから考えると、司法官憲は裁判官であることがわかる。

裁判官は、人を裁く職にある人である。その裁判官が令状を発する。司法警察員が令状を請求し、令状が発せられるには、そこにある種の審理がなければできないことである。つまり、捜査機関が、ある容疑者の犯罪行為があったものとの確証があってこそ、裁判所に令状を請求することができるのだ。また、それなりの物的な証拠をも必要とされ、請求の際に添付しなければならない。

裁判官は、これら添付された証拠をよく吟味して、犯罪行為の確証をもち、さらに心証を得た場合に限って令状を発付するのである。とすると、ここですでに第一次的な裁判が行われたことになるのではないか。ただ、この場合の裁判は、司法警察員の言う事件の事実があって、令状発付の対象となる人物を拘束したり、証拠を捜し求めたり、犯罪に関係があると思われる物件を差し押さえたりするまでの裁判である。その対象となった事件の事実までを判断するものであって、犯罪実行者と断定するものではないのである。

中原は、ここまで考えた結果、次の結論に達した。

捜査機関が犯罪事実を捜査中に、犯罪にかかわる重要な証拠となる物件が図書館にあるとの確証をもったときには、当然、その証拠を求めて図書館に来るだろう。図書館は、求められた証拠が、図書館の利用者の個人情報に関するものと判断したときは、この情報の閲覧や提出を拒むであろうことは、先の「図書館の自由に関する宣言」を基にすれば当然のことである。そこで、捜査機関が、図書館の占有している物件が犯罪の立件にどうしても必要だと断定したとき司法警察員は、裁判所に捜索令状、差し押さえ令状などを、その犯罪に関係のある物証を添付して、請求することになる。裁判所において、担当裁判官がこれらの物証を吟味して、その結果を踏まえて発付した令状を捜査機関が図書館に提示すれば、この令状は第三者機関である裁判所の判断を経たものとして、受け入れざるを得ないことになる。

つまり、個人のプライバシーに関わる情報の提供は、第三者機関である裁判所の関与によって正当なものになるのだ。

と、ここまで考えてきた中原は、やっと重荷を下ろした気持ちになった。

しかし、まだ不満は残る。それはこの「図書館の自由に関する宣言」が、独立の法律として、あるいは「図書館法」のなかに条文として挿入されて成文化されない限り、第三者を拘束する効力はない。もし、第三者が、これは法律ではないから、この宣言を守る義務はないといって突っぱねた場合には、どうしようもないのではないか。やっぱり、法律化すべきであると、中原は考えたのである。

2　委託司書を導入する

中原は、県立図書館のチーフレファレンサーである。

毎日、利用者からの問い合わせを受け、それを調査して依頼者に回答する仕事に明け暮れていた。問い合わせは、図書館で直接受けるもののほかに、手紙や電話でのものなどがあり、結構忙しい。

「チーフ、館長がちょっと来てくださいとのことですよ」

同僚のレファレンサーからの連絡があった。

「わかりました。すぐに行くと伝えてください。ありがとう」

中原は、調査している案件を中断して、急いでエレベーターに乗り、4階にある館長室へ向かった。

「何の用事なんだろう。昨日のレファレンス統計の現状は、たった今、報告したばっかりなのにな」

不審に思いながら、中原は館長室の扉をノックした。

挨拶もそこそこに、館長は話を切り出した。

「実はですね。本庁（県教育長）のほうから、今、連絡があってですね」

「はあ……」

「前から君にも話していたろう？　例のD市で図書館の建設を計画していて、そのために課長クラスの館長の派遣依頼が来ていることを。やっぱり中原さん、県教委としては君を派遣することに決めたんだそうだ。僕は極力反対してきたんだが、教委の正式の決定ではね。今、君に行かれると県立図書館としても、エースの抜けたチームになるので反論はしてきたんだよ。教育長には、『県を代表して市に県職員を派遣するのは、初めてのことで、派遣するからには、ただ図書館をつくるだけではなくて、課長として市の行政執行部の一員としての仕事もこなすだけの行政的経験のある人物が望ましい。考えなくてもわかることだが、今の県立図書館には、そんな職員は中原以外考えられないんだ。どうかね。中原に行ってもらうことに賛成してくれんか』とせまられてね。仕方がないから私も賛成してしまった。すまんが行ってくれるか？」

これは相談ではなくて命令だなと、中原は思った。

確かに、行政を知った司書職員は、中原以外いなかった。

中原は、ここで断腸の思いで彼に語った館長の言葉を拒否する気はなかった。どこであろうと、自分を待っている仕事があれば、文句をつけずに行くのが県職員としてとるべき態度だろうと。

「館長、私を行かせてください。館長の心は、ありがたくいただくとして、この仕事は私しかできないものと思います」

「しかし、中原さん、君を出したら、この県立図書館はどうなるだろう」

「やってみなければ、わからないことです。とにかく、教育長には、そのようにご連絡をお願いします」

中原は、心の底からお願いした。彼、当年47歳。人生の大勝負を肌で感じていた。


中原にあてがわれた部屋は、社会教育課の隣にあった。市長が県庁に来て、知事に職員の派遣を頼んだ割には、中原を受け入れる態勢は整っておらず、職員としての扱いも冷たかった。例えば、職員としての格付けは課長でも、図書館準備室としての法的な保障は何もない。図書館設置条例だけは、かろうじて制定されていたが、館長の権限は何ひとつ規則化されていなかった。中原が赴任したのは4月1日なのに、開館は同じ年の11月3日と決められていた。

まるで落下傘で降下したみたいだな。

全く面識のない職員たちのど真ん中に飛び込んだ。中原は、まず挨拶から始めた。廊下を通る若い職員にも、彼は頭を下げて挨拶した。用事がなくとも各課をまわり、課員たちに挨拶した。そのかいあってか、6か月ぐらいたって、やっと相手から返礼がくるようになった。

中原が着任したときには、建物はすでに6割方建っていて、財政課の受け持ちであった。建物は複合施設（一つの建物の中に、二つ以上の異なった役割を担う施設が入っている建物）で、D市のそれは図書館と公民館、加えて600人定員のホールから成っていた。

建物、いわゆるハードの面はこんな具合であったが、図書館としての役割を果たす面、すなわちソフトの面は何一つ手がついておらず、全てがこれからであった。

中原は考え込んでしまった。自分は本来行政マンである。司書として県立図書館で、資料の整理やカウンター業務、それにレファレンス業務と、図書館の業務一通りはやってきたものの、図書館の創設業務の経験は皆無であった。

まず図書館創設のために必要な業務を拾い出して、業務内容を一つひとつ検討分析することから始めなければならない、と彼は思った。

その当時、図書館の数はまだ全国的に少なく、D市があるF県内にも、16館しかなかった。しかも、ほとんどが旧態依然とした図書館であった。ところが今回D市が企画している図書館は、日常の業務に可能なかぎりコンピュータを導入していく最新型のものである。

開館時の蔵書冊数は5万冊、そのうちの1万5000冊は、旧公民館の図書室の図書を使い、残りは新しく購入する。それにカウンターや書架などの家具も設計して注文しなければならない。いちばん大きな仕事になりそうなのは、コンピュータのシステムを開発することだろう。当時、全国の図書館を探しても、コンピュータを導入して図書館の業務を実施しているところは一つもなかった。

中原は、モデルとする図書館がないことがわかると、かえって気が楽になった。なぜなら自分の好きなようにシステムを開発して運営ができるからである。と同時に、自分はD市の図書館を創設するために、県からやって来たんだという自負心がメキメキと芽生えた。ならば無理に他所の図書館を参考にする必要はない。D市民が求める図書館は、どんな図書館なのかさえ描ければいいんだと思った。

それからというものは、事あるごとに地区の公民館を訪ねて住民の声を聞き出していった。これは、図書館が開館した後に多くの利用者が来てくれるかどうかの、分岐点となる仕事だと思ったからだ。彼の頭の中には、他所の図書館がどうあるか、こうあるかなどではなく、すべて住民の声だけを頼りに作業を進めようという考えだけがあった。

やるべき業務の見当はついた。問題は職員の数である。これだけ多様な業務を、たったの6か月間で行うには、それ相応の職員がいる。幸いにして、旧図書館法による、文部省の国庫補助を受けての創設作業である。したがって、旧図書館法が規定している補助の受給資格を整えるために、人口比によって4人の正規職員の司書を採用していた。中原が赴任するとき、これに事務を担当する職員を本庁からの異動で一人加え、それに中原を合わせて、6人のスタッフが整った。しかし、開館準備をするには、職員数が少なすぎる。中原が、開館準備に必要な業務を細かく分析して、それにどれだけの職員が必要なのかを考えていったら、最低でも22人が必要となった。

中原の持論はこうであった。図書館の職員を考えるときは、それが開館の準備に必要な職員だけを考えるのではなく、開館した後の運営に必要な職員をも一緒に考えなければならない。なぜなら開館は一過性の問題であり、目標は開館後にあることを忘れてはならない。開館後が大事であって、開館の準備は、そのためにあるのだ。だったら、開館を準備した職員全員で開館後の業務にあたることが、業務の流れをスムーズにするのではないか。だから22人の職員がなんとしても欲しいと中原は思った。

だがしかし、と中原は考えた。職員はただ数だけを揃えればよいというものではない。業務をどうやって進めていくか。膨大な業務量を、しかも短期間でこなしていくか。そう考えていくと単純に職員の頭数だけを整えていくことに、大きな不安があった。

必要なのは、業務を的確にこなし、しかも企画力のある優秀な能力をもつ職員でなければならないのだ。そんな完全な職員がいるのかと中原は思った。

「いないだろうな」

現状の職員は正職員とはいえ、たったの6名。そのうち司書の資格をもつ職員は、中原を入れて、5名である。しかも5名とも、図書館づくりはまったくの未経験者ばかり。これは大変だ。

さて、22名必要と算出した職員数を、どう人事課長に話すかだ。しかし、いきなり「22名必要だから、後16名ほしい」と話したら、人事課長は腰を抜かすだろう。「それは無理な話だ」となることは、目に見えている。ここは一番勝負だ。「ほんとうは22名必要なのですが、課長の立場もあるでしょうから、最低の数で後10名。なんとかならんでしょうか」と頼むことにしよう。中原は腹を決めた。都合16名ならば、この苦境を何とかくぐり抜けられるだろうと思った。

それにしても失礼な話だ。「D市に図書館をつくるから来てくれ」と頼んでおきながら、実際来てみればこの有様だ。しかも館長としての権限を定めた規則さえもない。この体たらくに、中原は腹が立ってきた。

「館長！　そりゃ無理だ」

案の定、人事課長は無理の一点張りであった。

「市長に話しに行く」と中原。

「行っても結論は同じだ」と人事課長。

「課長！　後10名。考えておいてください」

どうせ市職員としての採用は無理だろう。正職員を1名採用するには、当時として約2億円の予算の見通しがないと不可能なことを、中原は知っていた。

翌日、人事課長が中原の席にやってきた。

「館長。新規採用は無理だ。どうだろう嘱託では駄目か？」

中原は、人事課長が嘱託の案をもってくるだろうということは、大体予測していた。

「嘱託ですか？　D市の嘱託職員の規則によれば、3年の任期とあるでしょう」

「そうです。そしてですね。10名は無理な相談と財政課長は言っておるが」

「それは駄目ですよ！　課長は司書の専門性を知りませんね。司書は資格を持っていても一人前だとはいえません。一人前になるには、最低3年の経験を積まないと駄目だといわれているんですよ。それなのに、3年の経験を積んでこれからというときに退職となってしまうでしょう？」

人事課長は、首をひねりながら帰って行った。

「このD市は、何を考えているんだ。図書館はつくりたいが、仕事をする職員はつけない。矛盾しとるんじゃないか？　だったら、初めから計画しなければよかったじゃないか。世の中が生涯学習社会と叫ばれている時代でも、形ばかりの図書館だったらつくらんほうがいいんじゃないか。つくるのだったら、私は魂の入った本当の図書館をつくる。いいかげんな図書館だったら、今の生涯学習社会の嵐が去った後は、ただ図書館という看板のかかった役所になってしまうよ」

中原は、人事課長の後ろ姿を見送りながら、つぶやいた。

その翌日のこと、隣室の社会教育課長が、中原を訪ねてやってきた。

「館長、さっき助役から電話があって、図書館をつくるにあたっての職員の件で、会議を開きたいから、館長に是非来てもらいたいとのことです。わたしも出席しますから、今からご一緒しましょう」

だったら、なぜ私に直接電話をくれないんだろうかと、中原はいぶかりながら、社会教育課長と一緒に部屋を出た。司書たちはけげんそうな顔をして、中原たちを見送った。

「館長、実はですね」

助役は、人事課長と総務課長とともに、身を乗り出しながら話し始めた。

「何でしょう？」

中原には、大体話の内容は想像できていた。例の職員の問題だろうと。助役は、何か言葉を探していたが、こう切り出した。

「実はですね。県にお願いして、館長として中原さんにおいでいただいたのに、その受け皿である市の側に落ち度があって、受け入れ準備が思うように進んでおらず、何かと館長には、ご迷惑をかけてしまって、申し訳ないと思っています。これから早急に条例や規則など、館長の権限について制定していきますので、もうしばらくご辛抱ください」

中原は面食らった。話の初めから職員の話かと思っていたら、お詫びの言葉とは一体何なのだ。

助役は、中原の戸惑いには委細かまわず、話を続けた。

「実は、受け手側の準備も整っていないのに、県に無理をいって早く館長の派遣をお願いしたのは、優秀な職員を他の市町村から狙われたらいけないと思ったからです。中原さんが、県立図書館の移転作業で、相当な手腕を発揮されていたことを、お聞きしておったものですから」

ちょっと待てよ、助役の話を聞くと、県には中原を名指しで派遣の依頼をしていたことになる。

そんなこと聞いてないぞと中原は思った。助役は続けた。

「中原さんは、このD市に住んでおられますので……」

そんなこと今さらいってみたって、もう自分は赴任しているのだから何にもならない。それよりもこれからの問題を解決することに努める時期に来ているんだと、中原はいらいらしてきた。職員問題こそ、急がねばならない。中原は、しびれを切らして、助役に言った。

「で、本題は何でしょう?」

「そうだった。人事課長の話によると、図書館を準備するのに、あと10人ほどの職員が必要だそうで……」

「ハイ、そうです。ほんとうは22人ぐらいを必要とするのですが……。そうとも言っておられませんので、その半分だけでもと思っています。なんでそんなにいるんだとお思いでしょうが、その算定の基礎でいちばん大事なことはですね、市の人口が多い少ないで、これだけの職員が必要と考えているわけではありません。図書館には、規模の大小にかかわらず、やらなければならない業務があるんです。

人口に関係ない業務があるんです。それらをこなすだけの職員数が、最低でも必要だと思ってください。くどいようですが、D市は今、5万人だから、これだけの職員が必要だと言っているのではなく、開館した後に、図書館としての業務を、市民に喜んでもらえるサービスを展開できるかどうかが、職員の算定の基礎なんです」

「わかっていますよ館長」

助役は、中原の言葉をさえぎるように、右手を左右に振った。

側にいた人事課長が、口を出してきた。

「市としては、正規職員の司書は、もうこれ以上採用できません。それは館長も行政マンだから、良くご存じでしょう。そこで、嘱託職員の採用を申し出たんですが、館長は、それは駄目だと言われました」

今度は中原が口をはさんだ。

「それはですね。嘱託の任期の問題で言ったのですよ。先日も話したと思いますが、司書は、ただ資格を持っているだけじゃ役にたたないのです。利用者と毎日接して、図書館サービスを行うことによって、仕事に慣れ、成長していくのです。この時期になって初めて専門職員ということができるんです。その期間は、私の経験からいえば、約3年ぐらいかかるんです。3年たって初めてカウンターを任せることができ、調べものの業務も、ほんの初歩的なことが任せられるようになるんです。D市の嘱託職員規則では、採用から3年の任期で、後は再任用はないといっているでしょう。だったらこれからというときに、嘱託の司書は、仕事をやめざるを得ません。これじゃ役に立たないどころか、図書館サービスも発展しないでしょう。だから駄目だと言ったんです」

中原は、一気にまくしたてるように話し終えた。

「それでですね、館長」

助役は、ここが山場だと言わんばかりに、足を組み直した。

「どうだろうか。役所の清掃や夜間の警備には民間会社の職員に来てもらっているんだが、つまり、会社へ委託して、そこの職員でありながら、仕事は役所でするという契約のもとでの話。このやり方を図書館に取り入れたらどうかと思うんだが」

中原は、唖然とした。つまり民間会社が、会社職員として司書の有資格者を募り、採用した司書に図書館で働いてもらうという寸法だ。こんなことは、考えたことも聞いたこともない。言ってしまえば、役所の事務を会社職員がするということだ。

この方法は図書館の業務を会社に委託することだ。中原は、県立図書館にいたときから、図書館の仕事は委託にはなじまないと、世間一般論として耳に胼胝ができるほど聞いてきたし、中原自身もそう思っていた。そんなことをすれば、図書館界は蜂の巣をつついたような状況になり、中原は全国の図書館から非難の的になるだろうと思った。

「館長、どうだろう？　この方法で職員を増やしていくのは。役所としては、これ以上に職員を採用しては、財政が破綻してしまうんだが」

それで読めた。助役が自分を呼んだ理由が。こんなことは、いかに人事課長といえども簡単に言えることではないから、助役の口から直接、話してもらうことにしたんだな。それだけ県から派遣されてきた自分に、ある意味では遠慮があるのかな、とも中原は思った。

「市の職員としての司書を、図書館法の規定どおりに採用してくださったことは感謝しております。お陰で図書館だけの国庫補助金が下付されたことも、大変良かったと思います。しかし、図書館を創設するということは、ただ建物を建てて、開館時の蔵書を購入するだけではありません。そのような図書館に来て、本を読み、借りて、そして調べものができると思ったら大間違いです。図書館を利用する人に、正しく本などを探して、それらを貸し与えることこそ本来の図書館の役目なんです。その役割を果たしてくれるのが、司書なんです。図書館を知り抜いた司書がいるかどうかで、その図書館の存在価値が決まるのです。ただ、頭数だけを揃えれば、万事がすむというものじゃないんです。

今、図書館界では、こうした役割を果たして、利用者に満足を与えることに必死になっておるんです。そのためには、優秀な司書が必要なんです。何度も繰り返して言うように、地方教育行政の組織運営に関する法律では、図書館を学校と同じく教育機関として位置付けているんです。教育機関なんですよ。ですから図書館の職員は、正しく教育委員会の職員だと規定されています。

そんなに大事な役目をもつ職員を、会社職員に任せてよいもんでしょうか。学校の教職員を会社で採用した職員に任せる、すなわち教育現場の運営を彼らにまかせますか？　そんなことはできないでしょう。それと同じなんです。学校と同じ教育機関である図書館の職員も、学校の教員と同じように教育委員会の職員でなければならないのです。私は、助役の案には賛成できません。委託職員の導入には、賛成できないのです。

大体、図書館を創設すると決断するときに、運営に係わる職員の採用も当然考えるべきでしたね。かといって職員6人だけの採用では、図書館の準備も満足にできないどころか、開館後の運営も、市民が満足できるものにはならないでしょう」

中原は、必死の面持ちで、助役になかば訴えるように力を入れて話した。

「そんなに言われてもな。こればかりは財政上、どうにもならないんですよ」

今年の11月3日の文化の日に開館するためには、もう時間がないので、D市の方針を受け入れてくれとの一点張りだった。

中原は、図書館を創設しに来たのだから、つくるからには日本一の図書館をつくる覚悟だ。その心意気は十分にある。そのためには、やっぱり志を一緒に持つ司書が絶対に必要だ。それは譲れない最小限の希望でもある。

「市の方針に従ってください」

再び助役の声が聞こえた。今度は、助役本来の命令とも取れる力を持った声だった。側にいた課長たちも、中原の顔をみながら、うなずいてみせた。

この方針を、このまま施行すれば、日本では最初の図書館業務の委託であり、日本で最初の委託司書の導入になることは必然であった。中原は、県の上司である県立図書館長に一部始終を話した。ところが、この件は館長も知っていたとの返事に、彼は愕然とした。だったら何で早く教えてくれなかったのか。

しかし中原は、たとえ環境や条件が思ったより違っていても、「やらなければならないことは、覚悟を決めて実行しければならない」として、即座に行動に移した。これ以上、館長の考えが定まらずにいたら、職員の士気に差し障りが出ると考えたからである。

県立図書館長が内緒にしていたのは、恐らく中原が図書館の民間委託に反対するだろうとおもんぱかってのことだろうと受け止めた。

もちろん中原は、図書館業務の民間委託には、賛成できなかった。それは、教育委員会の業務のうち、社会教育という生涯学習の実践の場に、教育委員会自らがその公的な教育の実施権を放棄して、そこへ民間の業務を取り入れるということを、極力避けたかったからである。それにもう一つ、公教育の中に民間企業が入り込むことへの疑問もあった。

県立図書館長は、中原のこのような意向を知り尽くしていた。だから派遣の前にこの方針を知らせると、派遣そのものを断るのではないかと考えたのだろう。

中原は、もうそんなことはどうでもいいと思った。11月の開館へ向けて業務の展開が急務だと考えたのである。

開館準備の業務を行うために必要な職員を、市当局は採用しないといい、嘱託職員の採用は、館長が断るとすれば、最初の方針どおり、民間企業に司書を採用してもらい、仕事場を市立図書館とすればよいだけで、市当局にとっては、思惑どおりに事が進んだと思っているだろう。中原は、まんまと一杯食わされたと思ったが、そんなことに執着している場合じゃない、いや、ほんとうはいちばん執着しなければならないことなのにと、残念がった。

結果的に言うならば、中原が知らない昨年の12月の予算編成時期には、このことは既に決まっていたのだった。その証拠に、今年度の当初予算には、業務委託費の費目が設定されており、予算額も計上していたのだ。この当初予算は、当然、市議会の採決を得ているので、市議会も承認事項だったのだ。すると自分は何だったのだと中原が思えば思うほど無念の気持ちは抜けなかったが、事ここに至ったんだから、委託司書の受け入れを飲むも飲まんも選択の余地はない。

ほどなくして、6名の司書資格を持った職員が、民間会社職員の身分で、図書館の準備作業室にやってきた。いずれも若い20歳から24歳ぐらいまでの女子職員だった。これで12名の職員が揃ったのだ。

しかし、その半数の職員は会社職員だ。会社職員だから館長である中原に指揮命令権がなかった。これから始まる開館準備業務で現場の館長に指揮権がないとは、業務の停滞が目に見えるようだった。会社職員である司書に新たな業務をやってもらうため、その都度会社の社長を通し、社長から会社職員に命令を出してもらうなんて、とんだお笑い種だ。

中原は考えた。これじゃ埒があかんと。取り急ぎ、業務委託契約書を何度も読み返してみた。契約書のなかの文言に、拡大解釈のできる箇所がないかと思いながら……。

あった。最後の条文の終わりの文言に「契約書にないことについては、甲乙協議のうえ決める」と。

中原は、これに狙いをつけた。電話で助役の在室を確認すると、助役室を訪れた。

助役は、中原から事の始終を聞き終えると口を開いた。

「わかりました。早速、社長に伝えて、館長の申し出どおりの手続きをとるようにしましょう」

翌日、総務課長が図書館準備室に中原を訪ねてきて、一枚の紙を提示した。

「館長、社長との協定書の文言は、これでいいですかね」

そこには、館長が発する、図書館へ出向している本社職員に対しての業務施行の文言及び実施の要求は、本社社長の指示と同じ効果を持つものとするとあった。市長と社長との連判もあった。

かくして、館長は、会社職員に対しても、市職員に対処するのと同じ効果をもつこととなり、実質上の指揮命令権を持つことができるようになった。役所において、管轄外の団体や会社との間で業務委託をする場合の難しさは、この方法で解決された。

しかし、D市が実施した委託司書は、猛スピードで日本中の図書館界をかけめぐり、図書館の業務は委託できないというこれまでの鉄則が、D市で完全に破られたと、非難の的になった。その非難の矛先は、委託司書を導入した図書館長の中原に集中した。その度合いはすさまじく、中原の個人電話を通して昼夜を問わず攻撃の速度がゆるまず、内容は一種の脅迫や恐喝に近いものであった。

しかし中原は、動揺しなかった。

今日の財政難の中で、図書館をつくる際には、当然、職員の問題が表面化するものだ。図書館の業務を行うに当たり、そこで働く職員のすべてを自治体職員で固めることは、絶対にできないことだ。ただ、形だけの図書館をつくるのならいざ知らず、利用者が満足できる業務を展開する図書館を目指すならば、不足する職員をどうやって補充すればよいのか?

職員問題で苦しんだことのない図書館人は、いたずらに他人のやったことを非難するだけで、その代替案さえ考え出せていない。中原は、こうした図書館人を軽蔑した。ただの理想論や空想だけでは、生きた図書館はつくれない。

中原は、全国の図書館人からの集中攻撃を受けながら、そう思った。中原もできるなら、空想的な理想論の中にいたいと思う。自分がやったことを正しいこととは決して思っていない。しかし、社会的な背景がそれを許さない状況では、いたずらに理想論を唱えるだけでは、図書館はつくれないことを、知らなければならない。

それから十数年後、中原は教育委員会を定年前で辞職したが、かつて図書館などの教育機関は、委託になじまないと主張されていたことが夢のように思える。今日、多くの図書館は、民間に業務どころか、その管理までをも委託している。指定管理者制度がはびこり、それがあたりまえのことになっている。以前、中原が委託司書を導入したことを非難し、脅迫した人々はどこにいってしまったのか。

日本で初めて図書館業務に委託司書を導入した中原にとって、現在の有様は決して正常なものと映っていない。

3 貸出無制限が生まれるまで

「館長、うちの図書館が開館したら、貸出冊数は、無制限にしてください」

司書の中村が発言した。

中原は、新しい図書館を開館するため、12人の司書たちとともに、苦心して決めた準備計画を実行していた。中村は、システム開発におけるSEとの話し合いの中で、どうしても貸出冊数は無制限にしたいとの意見がまとまったので、代表して中原に言いに来たのである。

中原は、職員の意見を最大限に尊重する考えである。なぜなら、職員が館長の中原のところにやってきて意見を述べるには、相当の覚悟で申し出ていることを知っているからである。中原自身も若い駆け出しの頃、上司に自分の意見を申し出るには、少なくとも2日ぐらい熟慮して、考え抜いた末に上司のところへ申し出た経験がある。だから中原は、彼ら彼女たちの心はよく理解しているつもりである。今、開発中のシステムのなかに、どうしても貸出無制限を盛り込みたいのだろう。

なにせ、日本で初めて図書館業務のすべてをコンピュータで処理するという目標を掲げている。

よその図書館で、コンピュータ処理を行っているところは数少ない。やっているといっても、せいぜいバッチ処理ぐらいのものであった。

このバッチ処理には、大きな問題が潜んでいることを中原は憂慮していた。貸出返却処理だけは、図書館のカウンターでバーコード処理を行い、図書館はそのデータをバッチ処理を主導する電算会社に送る。そこで貸出統計などの図書館運営に必要なデータを作成してもらい、依頼主である図書館に返送する仕組みだと、聞いていた。その詳細は定かではないが、もしそうなら、図書館利用者のプライバシーが漏れる危険性があると考えたのである。この危険性を除くためには、すべての業務を、自館で処理することがいちばんいい方法であると中原は思った。

しかし、貸出冊数を無制限にすることは、全く考えていなかった。

「なるほど。それはいい考えだと思いますね」

中原は中村の申し出に答えた。

「だけどね、そのためには〈図書館の管理・運営に関する規則〉のなかで、条文化する必要がありますね。教育委員会の審議と議決が必要ですよ。教育委員が、図書館の考えに賛成してくれるといいんですが……」

中村が続いた。

「教育委員会ですか。委員の人達が理解してくれるといいんですがね」

中原は聞いた。

「ねえ。みんなは、どうして無制限がいいと言っているのですか？」

「それは、読みたい本が沢山あるのに、図書館が一方的に、あなたが読めるのは、これだけですよと制限するのは、見方によっては、読書の喜びを味わおうとする図書館の利用者の幸福を、悪い言葉ですが、剥奪することになるのではないかと……。だったら読みたいだけの本を、家に持って帰って、家でゆっくり心ゆくまで読んでもらうことが、ほんとうの幸せじゃないかと思ったのです」

中原は、司書たちの優しい考えに、心を動かされた。よくこんなに優しい司書たちが集まってくれたと思う。それに引き換え、今の今まで気がつかなかった自分を恥じた。

確かに司書たちの言うとおりなのだ。

戦後しばらく、図書館業務の主体は、今日と違って館内での閲覧が主体であり、館外に貸し出す制度は、ほんの例外を除いて、なかった。

だからその時代の図書館には、閲覧室に「カード目録ボックス」と「ずらり並んだ閲覧机」だけがあって、本は図書館利用者の目の届かないところにあった。つまり「書庫」内に本があったのだ。したがって図書館の利用者は、入館するときにもらう〈閲覧図書請求票〉（この名称は、各図書館によって違っていたが）を持って「カード目録ボックス」がある場所に行き、目的とする本を探してこの「票」に書名等を書いて係に渡す。係の職員は、その「票」を持って書庫の中に入り、「票」

に書かれた本を探し当て、請求者、つまり利用者に渡す。利用者はその本を閲覧机で読む。

こんなシステムだったから、渡された本は、カードだけで選んでいるため、目的に合わない時があり、利用者は何度も本を請求しなければならず、不便さを味わったと思われる。ちなみに、この係員のことを「出納係」と称していた。

そのころの公共図書館の利用者は主に学生でレポートや論文を書くために使っていたようだ。もとより学生ばかりでなく、勤め人や自由業の人たちもいたが、図書館と言えばどうしても学生が中心だったことを思い出す。だから館内は、しわぶきひとつ聞こえない静寂さを保っていた。


昭和38年4月に日本図書館協会から刊行された『中小都市における公共図書館の運営』(通称『中小レポート』)は、日本の公共図書館の運営に歴史的な変革をもたらした。

それまでの公共図書館の運営は、本を書庫内に収納して利用者は館内で閲覧だけをするという方式だったが、それを改め、利用者が自由に手にとって本の内容を確認したうえ、必要な場合は館外貸し出しの手続きを経て、家でゆっくりと読むことができるという方式をとった。つまり、これまでの閲覧方式が貸出方式に方向転換したのだ。したがって、これまで本は書庫にあったが、閲覧室に書架を設置して、一部を除いてそこに本を配架して、利用者が自由に見ることができる方法をとったのである。このような開架方式をとった館外貸出制度が、公共図書館運営の主体となって今日まで続いている。

司書の中村が言うことの背景には、このような歴史があるのだ。だから家に読みたいだけの本を持って帰り、ゆっくりと読んでもらいたいと思っている。


教育委員会は、7月の初めに開かれた。

中原は、「D市立図書館の運営に関する規則」を上程した。

貸出冊数無制限の条文は、そのままの字句ではあまりにも目につきやすいので、司書たちとの話し合いで「貸出できる冊数は、期間内で読みきれるだけのものとする」と表現されていた。

教育委員会は、さしたる問題もなく、淡々と進んでいった。例の運営に関する規則の審議は、審議案件の最後になっていた。

中原は、規則上程の責任課長として教育委員会に出席していた。

「それでは次に、最後の案件として『D市立図書館運営に関する規則』の審議に移ります」

委員長はおごそかに言いながら、事務局に資料の配付をうながした。

審議はスムーズに進行していき、委員たちの「異議なし」の声が続いた。委員長が「これで本日の教育委員会は、終わ……」と言いかけたその時、「委員長！」という声が委員の中から聞こえた。

「委員長。この第22条の文言ですが、端的に言えば、貸出冊数を無制限にするということじゃないですか？」

中原は、やはり来たかと思った。しかし、彼には彼の言い分がある。それはあくまでも図書館の原理からひもとけば、誰にでもわかる。「図書館は誰のためにあるのか。そのために、図書館は何をすべきか」である。それを考えると、どのような難問でも、おのずから解決するものである。

「図書館長の中原さん。いかがですか？　ただ今の委員の発言に対して、お答えください」

委員長の声である。中原は椅子から立ち上がった。

「ただ今の委員の発言に対して、お答えいたします」

彼は、落ち着いていた。

「図書館では、市民の皆さんの要望を実現しようとしており、全ての館員が全知全能を傾けて、その準備に当たっておるところです。

そこで、開館後のことについても、そろそろ考えるときが来たものと思います。開館後の図書館サービスを、どのように展開するかを考えるとき、最も基本となる原理は多くの蔵書を蓄え、利用者である市民に満足感を与えることです。これがなくして市民図書館と称すことはできません。そのためには、資料購入費の多寡が問題となってくるのです」

中原は、あえて今、問題になっていることから離れて、図書館運営において重要な資料の購入費の問題から入っていった。

「しかし、このようにして蓄えた図書館資料は、市民をはじめとする多くの人々が利用しないことには、何の意味もないところであります。それだけに利用者の多寡もまた重要な要素となるところです。利用者の図書館資料に対する期待感は大きなものであり、これを無視することはできません。この期待感は、何によって現れるかと言いますと、利用者が読みたい資料がたくさんあるか否かによって違って参ります。利用したい資料が多くあればあるほど、図書館の価値が上がってくるのです」

委員長をはじめ、各委員や列席の各課長たちの真剣なまなざしが、中原を奮い立たせた。

中原は続けた。

「利用したい資料があればあるほど、図書館に対する信頼度は大きくなり、利用頻度も高くなるのは、火を見るよりも明らかです。その現象は、資料の貸し出しに、如実に出て参ります。資料の必要度合いは大きくなり、1回ごとの貸出冊数は多くなるでしょう。それだけ図書館に対する信用度がますます大きくなるものです。

にもかかわらず、市民をはじめとする図書館の利用者に対し、資料の利用制限、つまり貸出制限をすれば、それだけ利用者の期待感に逆らうことになるんじゃないでしょうか。また、違う角度から見ても、利用者の読書欲を図書館が制限する権利があるんでしょうか。それは取りも直さず、利用者の楽しみや幸福を奪うことになるんじゃないでしょうか。図書館にはそんな権限はありません。

ましてや市民のための図書館です。利用者に、自分たちの図書館の資料を使うんだという意識があれば、自由に必要なだけの資料を使ってもいいんじゃないかと、わたしは思います。

ですから、わたしは、図書館が貸し出す資料は、無制限にするのがいちばんいいことだと思い、ここに提案した次第であります」

中原は、懸命に訴えた。

会場は、シーンと静まり返った。

「何か質問がありますか？」

委員長の声が、何か遠いところから聞こえてくるようであった。会場は、静けさを保ち、質問の声はなかった。

委員長の声が、この雰囲気を破った。

「何もなければ、図書館のこの問題は、館長にまかせると……」

ここまで言ったとき、ほかの委員から声が上がった。

「館長のおっしゃることはわかました。しかし、貸出無制限にしますと、例えばトラックで図書館にやって来て、図書館の本を持って行くこともできるんですよね。そんなことが起こったらどうしますか？」

なるほど、想像のうえでは、そんなことも起こりうる。しかし、本当に起こるか。それは万が一の場合だ。中原は言った。

「なるほど、貸出が無制限ですから、例えで、そのようなことが起こる道は開けていますね。だけれど、そのようなことが実際に起こるでしょうか。起こるとしても万が一の出来事でしょう。その視点からだけで、多くの利用者の利益を奪ってよいでしょうか。私はできないと思います。起こったら起こったで、その時、考えればいいと思いますが……」

「どうでしょう。ここは図書館の専門家である館長に、お任せするとして、本日の教育委員会を終わりたいと思いますが、いかがでしょう？」

委員長が言った。

「結構です」

全委員が口を揃えた。

「それでは、今日はこれで終わります」

委員長は、軽く頭を下げた。

「やった！」

貸出無制限の規則が、無事、教育委員会で議決されたのだ。中原は、司書たちが待つ図書館準備室に帰った。

「ほんとですか？　やった！　みなさん貸出無制限が実現したわよ」

中村の声に、全職員の喜びが天をついた。

4 資料の汚損・破損の弁償は？

今日のカウンター勤務は、司書の久保木である。12時から14時までで、残り時間はあと15分。14時になれば司書の喜多村と交代である。あと15分かと思って目の前にある柱時計を見ていたとき、女性の利用者が久保木の前に座った。

久保木「こんにちは、どういったご用件でしょうか？」
利用者「こんにちは、ちょっとお尋ねしたいことがありまして……」
久保木「はい、どのようなことでしょうか？」
利用者「実は、言いづらいことなんですが、先日、うちの娘がこちらから絵本を3冊お借りしたんですが、お返しすることを、すっかり忘れていたようです。昨日、督促のお電話をいただいた後、娘はあわててお借りした絵本を探して集めたのです。ところがですね。うちの犬が、そのうちの1冊を噛んでしまい、歯型がたくさんついてしまったのです。これをそのままお返しするわけにはいきませんので、どうすればいいのか教えていただきたいと思いまして……」
久保木「おっしゃることは、よくわかりました。今日、娘さんはご一緒ではないのですね？」
利用者「はい。今日は、どうしたらよいのかをお聞きするだけと思い、娘は連れてきませんでした」
久保木「そうですか。今度、絵本をお返しに来られるときは、娘さんとご一緒においでくださいね。失礼ですが娘さんの年齢は？　あ、7歳ですね。わかりました」
　と言って久保木は、ちょうどカウンターの交代に来た喜多村に席を譲って、利用者を応接室に案内した。それから中原のところへ行った。
中原「あ、久保木さん、お疲れ様です。話は聞こえておりますので、わかりました。応接室ですね？」
久保木「よろしくお願いします」

中原「お待たせしました。館長の中原と申します。お話の内容は、よくわかりました。私は職員と一緒に仕事をしておりますので、カウンターでのお話は、よく聞こえるのですよ。

　それで、お借りになった絵本を、お宅の犬が噛んで、歯型がたくさんついてしまったため、絵本を返却するのにどうすればいいかということですね？」

利用者「はい。どうもこの度はとんだ粗相をしてしまって、本当にすみませんです。今、館長さんが言われたとおりです」

中原は考えた。このような事例の解決は容易なようで、その実、奥深い問題を含んでいる。今、目の前にいる利用者に、その場限りの回答をすることは、それこそ簡単だが、根本的な解決とはならない。

中原「この場合、犬の歯型が、どのような状態であるか、その絵本を見ないとはっきりしたことが言えません。もし絵本としての役割を果たさないような状態であるならば、原則として絵本の購入価格の代金を、本市の収入役あてに現金で支払っていただかなければなりません」

中原は、いつもカウンターの上に置いて利用者がいつでも見られるようにしている「図書館資料の紛失、破汚損による弁償規程」を取り出した。

中原「ここにも示しているように、今までお話しした現金での弁償が原則ですが、そのほか例外的にですね、その絵本と同じものを買って現物弁償することもできます。また、その絵本が古いもので、もう手に入らないときは、図書館の司書と話し合って、その絵本の購入価格を限度とした金額で別の絵本を買って代本弁償とすることもできます。

なぜ司書と話し合うのかと言いますと、利用者の方が自由に購入して代本弁償しますと、せっかく買っていただいた絵本と同じものがすでに図書館の蔵書にある場合が考えられるからです。同じ絵本が2冊になってしまうより、せっかく買っていただくならば別の絵本の方が、利用者にとってもいいのではないかという考えによるものです」
利用者「私も現金をお支払いするより、現物弁償の方がやりやすいです。現物弁償でしたら、うちの犬が噛んだ絵本と同じ絵本を買ってきて、図書館にお渡しすればいいのですね？」
中原「そうですね」
利用者「それでは、そのとおりにさせていただきます」
中原「その前にですね。一度、娘さんと一緒にその絵本を持ってきていただけませんでしょうか。絵本の破損状態を見たうえで、その絵本が、役に立たない状態だったら、今言われたとおりにしていただきますが……。とにかく一度見せていただけないでしょうか」
利用者「わかりました。そういたします。お忙しいところお手間を取らせまして、申し訳ございません」
中原「こちらこそ、ありがとうございました。失礼します」

利用者が応接室から出て行くのを見て、久保木が入ってきた。

久保木「館長、ありがとうございました。どうでした？」

中原「あなたが言ったとおりのことを、お話ししたまでです。近いうちに娘さんを連れて、やってくるでしょうから、その時はよろしくね。

ところで久保木さん、今日の事例の場合、原則は現金を収入役に渡し市の金庫に入金しなければならないのですよ。なぜなら図書館資料は、公有財産でも行政財産であって、公共用に供する財産なのです（地方自治法第238条3項、4項）。そしてこの公共用財産を購入するためには、会計年度の4月1日から翌年3月31日に終わる（同法第208条1項）年度の始まる前に、本市で言えば市長が予算案を調整して、議会の議決を得た予算（同法第211条）の中に、図書館の備品購入費の費目を計上します。その備品購入費の内訳に「図書館資料購入費目」が記され、この費目を執行することで、図書などの資料が購入できるのです。

しかし、地方公共団体によっては、図書館の事情に合わせて、消耗品費から購入する本もあります。例えば、移動図書館用の図書は、消耗品費から購入するところがあります。また、一般的に、新聞や雑誌などは、どこの図書館でも消耗品費で買っているようですよ。本市もそうでしょう。

図書館で働く司書は、その身分が、本市職員であろうと、そうでない職員であろうと、いやしくも市の社会教育機関の図書館に勤めているわけで、このくらいのことは当然知っておかなければならないことなのです。

さて、今回の事例のように絵本を破損させて、利用できないようなことになっていたならば、その代償として現金を図書館が受領し、その現金ですぐ絵本が買えると思いますか？　買えないのですよ。

それはね。また議会と関係があるのです。例えそれが1円であっても。現金を受領したら、図書館は収入役のところに持って行って、予算外の収入としての手続きをしなければならないのです。それは、会計年度における一切の収入と支出は、すべて歳入歳出予算に編入することを決めている「総計予算主義の原則」があるからです（同法第210条）。

さらに地方自治法では、予算が議決された後に、新たな事由が発生してすでに議決された予算に追加などの変更をする必要が生じた場合は、「補正予算」を構成し議会の議決を得る必要があるのです（同法第218条1項）。

ですから久保木さん、収入役のところへ持って行った絵本の代金を本市の財産にするためには、補正予算に編入して議会の議決を得なければならないのです。さらに、補正予算が議決されたからといって、この絵本代金が図書館に帰ってくるかといえば、そうではありません。補正予算は市全体の予算として執行されるので、どこの事業に使われるのかわからないのです。

このように考えると、図書館では、絵本は1冊なくなったうえ、その代金も図書館のものにならないということになって、図書館が損をすることになりますね。だから現金ではなく、代本で弁償してもらうのです。久保木さん、わかりましたか？」

久保木「はい、よくわかりました。館長、今日はとっても得したような気持ちです。だって、私一人のために、講義をしてくださったんですもの。得しちゃった！」

中原「そんなつもりじゃないんだけれど……。それじゃあ、せっかくですから、これからのことも聞いて覚えておいてください。時間はありますか？」
久保木「はい！」
中原「借り出した絵本を、紛失したり、汚したり、破ってしまったりした場合の弁償は、同じ絵本か、それがなければ司書と相談してできるだけ内容の近い絵本を買って、弁償すると言いましたね」
久保木「はい」
中原「その場合、望ましいのは古本でもいいから、同じ絵本を弁償してくだされぱいいのですが、すでに絶版などで古本屋でも手に入らなければ、仕方がないので内容が同じ新しいものとなります。しかし、中には弁償する段階になって、『図書館から借りたものは、人の手垢がついていて、こんな新しいものじゃなかった。古いものを借りて新しいものを返すって、おかしいとは思わないか？』と言う人がおります。久保木さんはどう思いますか？」
久保木「確かにそう言われる人もいるかと思います。だけど、私はそうは思いません」
中原「どうしてですか？　その理由は？」
久保木「普通の物の使用貸借（民法第５９３条）でしたら、借主は、契約で決められた時に借りた物を返さなければならないのでしょうが（同法第５９７条１項）、それができない事情があった場合は、それに替えて他の物を返せば、それで済むでしょう（同法第４８２条・代物弁済）。例えば、相手の承諾があれば、お金を返す替わりに、自動車をあげるように……。図書館の資料などは、この代物弁済の一種でしょうが、その内容が異なると思います」
中原「それはなぜですか？」
久保木「図書館の資料、この事例の場合は絵本ですが、それに書かれている内容が大事であって、それ以外の何物でもないからです」
中原「そうですね。そこが違うのですね。どうぞ続けてください」
久保木「はい。ですから、この事例の場合、絵本の内容が大事なのです。犬が絵本を噛んで、絵本としての役目を果たせなくなったと仮定します。絵本に犬の歯型が残っていて、他の人がこの本を読むのに不快な気持を持ったうえ、歯型の跡が絵本の画や文字に当たっていて、満足に見たり読んだりできない状態になっていた場合、もはやその絵本は内容を読むことができない状態にあると判断して弁償してもらうことになります」
中原「そのとおりです。図書館の蔵書は、数量が何千何万とあっても、利用者が必要とする内容であるか否かによって、その蔵書価値が決まります。

県立図書館クラスだったら、利用者である県民の調査研究に直接役に立つ、いわゆるレファレンスに応じるコレクションが満足にあるかどうかが大きなポイントです。市町村立の図書館、専門図書館、大学図書館や学校図書館などを利用している人々が、近くの公立図書館を通しての相互貸借で満足を得られるか得られないかによって、県立図書館の存在価値が決まりますね。つまり、県立図書館は、これら図書館蔵書のバックアップ機関であるべきであって、なにも市町村立図書館などと貸出の冊数を争うことはないのです。

市町村立図書館は、身近な利用者の日常的な読書に応じることで、人々の読書欲を満たすだけの蔵書をコレクションすればよいと思うのです。そして利用者が何かを調査したり研究したりするために必要な資料は、最低限のレファレンス・ブックを蔵書として備えておき、それ以上に必要なものは、県立図書館に頼ればいいのです。県立図書館は、それに応じるだけの努力を日ごろから心がけておく必要がありますね。

このように図書館のすべての資料が利用者にとって大切です。だからその中の1冊といえども、紛失したり汚したり破ったりしたら、他の利用者が困ってしまう。それだけ大事なものなのです」

5 『ピノキオの冒険』

この日のカウンター業務は、司書の多田だ。開館して1時間ほどたったころ、一人の婦人がカウンターにやってきた。

「ちょっとよろしいですか？」

「はい、どのような御用でしょうか？」

「こちらの図書館の書架を見ましたら、『ピノキオの冒険』という本を見かけましたよ。この本は、障害者を差別する本として全国の図書館で問題になっており、図書館によっては、利用者の目に触れぬよう、閉架書庫に移すか、廃棄したりしていますが、こちらでは、まだ開架されていますね。どうしてでしょう？」

多田はこの唐突な質問にとまどった。

「ピノキオの図書が差別図書、ですか」

「あら、図書館の職員でありながら、御存じないのですか？　ピノキオの本には、ピノキオ自身を含めて、明らかな差別用語が使われているのですよ。例えば『びっこのキツネ』とか『めくらの猫』など差別用語と思いません？　こんな本を置くことは、差別の助長あるいは拡大として、許されるものではありませんよ。どうして開架しているのでしょう」

多田は驚いて目をしばたいた。多田自身はピノキオの本をそのような見方で読んだことはない。ただ、ピノキオの本が、差別図書として図書館界で問題になっていることは知っていた。

このように図書館資料を提供することに問題提起してくる人はめずらしくない。時には、背後に「〇〇〇を考える会」などの団体が控えているケースもある。

多田は、この問題は館長である中原に答えてもらうのがいいと思い、事の経緯を話した。

「お待たせしました。館長がお会いしたいと申しておりますので、恐縮ですが応接室まで、御足労願えませんでしょうか」

「そうですか。お手間をとらせて、申し訳ございません」

婦人は、館長が会うということに大変満足感を覚えたようだった。多田が応接室の扉を開けると、にこやかに中に入っていった。

「はじめまして、館長の中原です。ご用件について、大体のことは、うちの司書から聞いております。この図書館の蔵書に、『ピノキオの冒険』という本がありますが、ピノキオの本は、身障者を差別しているもの、また差別用語があって、差別を助長、拡大することになり、利用者への公開に適さないということでしたね」

「はい、大体そのとおりです。そのような差別図書を、一般公開しているのは、どうしてなんですか？　その理由を伺いたいのです」

「なるほど、『ピノキオの冒険』が差別図書だとおっしゃるんですね」

「『ピノキオの冒険』ばかりではありません。ピノキオに関わる図書や絵本すべてのものが、そうなんです」

「いったい誰が、『ピノキオ』に関わるものすべてが差別図書だと決めつけたのか、私は知りませんが、恐ろしい判断ですね。私が知っている限りでは、1976年11月に、名古屋の市民団体が、これらの図書を障害者差別の本と決めつけて、出版社に回収を求めたとのことです。その際、名古屋市立図書館は、その本の閲覧・貸出を停止したそうですね。だけど、それから3年後の1979年10月には、その停止を解除したと聞いておりますが……。今頃どうして問題にするのですか？」

「そうなんですか。私、ピノキオの本が差別図書といわれたことまでは知っていたのですが、その後のことは知りませんでした。そうですか、名古屋市立図書館は、閲覧・貸出停止を解除したのですか」

「ええ、そうなんです。その際、名古屋市立図書館では、批判のあった図書などは、それが明らかに個人のプライバシーを侵害するものであると思われるもの以外、一般公開をしながら、市民をまじえた委員会で、検討することになったそうです。

当館では、市民を交えての委員会はもちませんが、司書全員の会議で検討していく制度を設けているところです。その際、批判を受けている図書などの閲覧・貸出停止などの処置をするかどうかを決めるのは、図書館が主体となって行うのであり、外部の批判などには一切耳を傾けず、図書館独自で検討して、そこでの結論に応じて実行するようにしています。

さらに申し上げるならば、当館でこのような独自の立場で決定をするのには、根拠があります。それは1979年に日本図書館協会の総会決議で決定された『図書館の自由に関する宣言・1979年改訂』の第2項、図書館は資料提供の自由を有するとの規定にあります」

と言って、中原は、図書館にはなぜ資料の提供の自由があるのかを、次のように自分の意見をも交えて説明した。

そもそも図書館には、国民の権利としての「知る自由」を守るために、多くの情報を蓄えて、利用者に提供する義務がある。しかも蓄積される情報は、公平なものでなければならず、一方に片寄ったものであってはならない。これを「資料収集の自由」といい、公平無私の情報でなければならない。これを時の権力者の意にかなった情報だけを収集するならば、図書館は時の権力者の道具と成り果ててしまい、利用者は真の意味の情報を得ることができず、不幸な結果を招くことになるだろう。好例が、昭和時代の前半、いわゆる戦時中の図書館の哀れさを考えてみれば、本当の意味の愚かさがわかるであろう。

さらに図書館には蓄積した情報を利用者に出し惜しみすることなく、すべて公開する義務がある。これを「情報提供の自由」という。

これは当然のことである。すなわち誰にも縛られることなく自由な立場で集めた情報は、これを必要とする者に、公平無私に公開するものであり、当然の結果であると言うべきである。

また図書館には、収集した多くの情報の中から、必要に応じた情報を的確に選び出すために、これら情報を整理して保存しておくことが必要である。以上のことでわかるように、図書館の基本的な業務は、まず公平な立場で情報を集めて、これを整理・保存して、集めた情報を利用者に、公平な立場で提供することである。これらの業務は、情報を取り扱う者にとっては、「情報管理の三原則」と言われている。

中原は、これらのことをていねいに説明した。

さらに、今まで述べた情報という言葉を、図書館資料と置き換え、図書館資料を収集するに当たっては、権力者・団体や個人からの圧力に抗って、自由な考えの下で収集して利用者に提供していることに力を入れて説明し、例えばピノキオに関する本が差別図書だとの意見が社会的に広がっていても、図書館は図書館の考えの下に、自由な立場で公平に考えて、差別図書か否かを決めることを話した。

これでわかってもらえただろうかと中原は心配であった。ところが……

「私の勉強不足で、ほんとうに済みませんでした。館長さんのお話はよくわかりました。図書館は、社会の風評などに惑わされず、問題となっている本があれば、図書館で独自の検討を加えて結論を出す。だから『ピノキオの冒険』も、館内で検討され、結論として公開にしておくということになったのですね」

「基本的にはそのとおりです。失礼ですがあなたは、その『ピノキオの冒険』を手にとってご覧になられましたでしょうか？　裏表紙から外側に資料を続けて貼り付けてあります。これはですね、社会的な風評、つまりこの本に対する評判や指摘された問題点が載っている新聞・週刊誌などの記事を複写して、添付したものです。この本には、こんな意見がありますから参考にしてくださいという読者へ向けた資料なのです。

この本が、風評どおりの本なのか、書評どおりの内容なのか、決めるのはこの本を読んだ人です。図書館は、いかなる資料にも意見や書評らしきことは言いません。司書は利用者が必要とする本などの資料を提供するだけです。図書館資料に対して、自分の意見や、評価を加えるようなことは、著者に対して失礼な行為であり、司書として絶対にやってはならないことなのです。

ちなみに、図書館によっては、『成人したら読んでおきたい本』とか、児童室や特設コーナーで年齢別に分けた本の案内が見受けられますが、それでは、そのほかの本はどうなのかと聞きたくなりますね。著者に失礼だと私は思います」

「ほんとうにそうですね。今日は、大変失礼なことばかり申しまして、すみませんでした。逆に勉強させていただきました。ほんとうにありがとうございます。先ほどの司書の方にも、よろしくお伝えくださいませ。それでは、これで失礼いたします」

「いえ、また何かございましたら、何なりとご指摘ください」

6 移動図書館車の車検

「だめだね！　こりゃ」

と、運輸省の検査官。

「ここを見たらわかるでしょう。安全マークがついていないガラスですよ」

彼は、運転席の右側にあるガラスを指さした。

「なるほど。そうですね」

H製作所の担当者はうなずいた。しかし、これで退いたらディーラーの立場がなくなる。

「やっぱりだめですかね。だけど、もう日がないんです。4月1日が発進式なんで、今日がギリギリなんですよ。何とかしていただけないでしょうか。明日の3月30日は土曜日で、車検は休みですよね。31日の日曜日も休み。今日車検に通らなければ、4月1日の発進式に間に合わなくなる。どうでしょう、今日これから社に帰って、急いで指摘されたところのガラスを入れ替えてきますので、何とか見ていただけないでしょうか？」

ディーラーは必死に食い下がった。

「そう言われてもねぇ」

検査官は運転席の扉を開けてすぐ閉めた。途端に〝ぐわっ〟と得体の知れない音がして、問題のガラスが割れてしまった。二人は驚きたじろいだ。

検査官は即座に叫んだ。

「ホーラね。こうなっちゃうんですよ。わかるでしょう？　やっぱり今日はだめですよ」

ディーラーは声をなくした。時計を見た。４時40分。後20分で時間切れだ。このままでは４月１日の発進式に間に合わない。その場合、今年度の予算執行ができなくなる。

彼は、もはや自分の手におえないということを悟った。残された時間は20分。図書館準備室長に来てもらおうと意を決して、室長が待機している場所へ急いだ。


先ほどから中原は落ち着かなかった。頼みのディーラーが一向に姿を見せないので、事の進展がわからない上に、時間が４時40分になっていることも、その原因だった。

「やはり、私が行くべきだったかな」

ここC市で、図書館建設の要望が市民の間に起こって久しい。C市当局は、それでも教育委員会がやるべき仕事は、まず学校の充実が先決で、それの目処がついてから社会教育の問題に取りかかろうと計画して、予算の執行は学校教育に重点を置いていた。だから「図書館がほしい」と言う市民の声を聞きながらも、学校教育の充実が優先であった。

ところが、隣のD市に最新型の図書館が創設され、市民の利用がうなぎ登りになったことを目の当たりにしたC市民たちの中で、もう一刻も早く図書館建設に着手してもらいたいとの声が高まってきた。この声にいち早く反応したのが市議会議員である。議員たちは、市民から提出された「図書館建設の要望書」を受け入れた。

これには、市当局も動かざるを得なかった。議会と行政の意見が一致したところで、さっそく補正予算を組んで議会に上程して、可決された。

さて、行政はここまできて、はたと難問に突き当たった。それは、図書館創設の準備を計画して実行する能力をもつ、いわゆる準備室長の問題であった。

時に、F県の教育委員会から派遣されて、隣のD市で図書館創設の任にあたった館長が、今年でその任期を終えることを、C市長が知った。彼はさっそくF県の教育長に懇願して、D市の図書館長をC市に再派遣してもらうことに成功した。それが中原だった。

F県の教育長は、最初は返事を渋った。それは県職員を他の自治体に派遣するのは、任期3年で1回を限度とするという内規があったからである。しかし、C市長は市民の声を背景にして、粘りに粘った末、やっとF県教育長の承諾を得たのである。

中原は、12月の暮れも押し迫った27日に、F県教育庁総務課の人事から通知を受けた県立図書館長の電話で通達を受けて知った。

中原は、最初、この命令を聞いたとき非常に驚いたが、「人生、いたるところに青山あり」との決意で、翌年の4月1日、C市の図書館準備室長として着任した。彼にとって二度目の派遣であった。この年、彼49歳。母校の創立者・福沢諭吉の言葉である「自我作古（我より、いにしえをなす）」を胸に、着任したのである。

西日本一円に読者を持つN新聞は、彼の再派遣の記事の見出しに、「日本一の手腕、C市へ」と、最大級の賛辞を贈り、市民とともに喜びを表した。


中原は、4月1日、図書館準備室長の辞令を受け着任した。

彼は着任と同時に考えた。このC市には、公民館の中に約3万冊をもつ図書室がある。C市民は、図書室に登録して図書の貸出を受けており、図書館が開館しても、その利用方法の知識は十分にある。

しかしこのC市は、F県のなかでも大きな面積をもつ。だから市部の中心部に図書館をつくった場合、そこから遠く離れた市民たちは利用頻度が低くなる。いや、ほとんど利用はできないだろう。

この場合、図書館側から出向いて行くことが肝心であろう。それにいかに公民館の図書室を利用した経験がある人たちでも、公共図書館という図書室よりも多くのサービスを展開するところの利用は初めてであろう。

だったら、いま準備室がしなければならないことは、まず市民の図書館をつくるという心構えを職員に徹底し、市民はいったいどんな図書館を望んでいるのかを知ることだ。

中原はそう結論づけると、さっそく市民に呼びかけて地域公民館に集まってもらい、毎晩のように遅くまで市民の声を聞いて回った。こうして得た貴重な意見は、図書館設計の糧となった。

問題は、遠隔の地に住んでいる人達に向けて、どうやって図書館サービスを展開するかであった。それには、移動図書館車を巡回させるのがいちばんよい方法である。そうすることで、計画中の図書館の周知にもつながり、市民への啓発にもなる。そのためには、図書館の開館前から巡回させるのが効果的だろう。

中原はそう考えると、準備室の職員たちに意見を求めた。その結果、開館の1年前から巡回することで一致した。そのためには、1年目の今年、移動図書館車の設計と業者の選定、発注までの仕事を急ぐ必要があった。それに移動図書館車内の書架に排架する図書も必要だ。しかし、当初の計画では3年目に製作する予定だったため、移動図書館車の本体購入費やそれの改良費は、今年度の予算に計上されていなかったのである。急ぎ臨時議会を招集して、補正予算を可決してもらった。

さて、お金はできた。本体購入費８００万円、改造費８００万円であった。設計は中原が以前につくった図書館の経験を生かし、業者は、多くの移動図書館車の製作実績のあるＨ製作所と契約をした。

納車期限の３月28日の午後、新しい移動図書館車がＨ製作所から納車された。急いで車検を受け、正式なナンバープレートを受領しなければならない。30日が土曜日だから、29日の1日しか時間がない。

中原は急いだ。彼の母体である県立図書館の地方協力課長に電話をし、「明日、新しい移動図書館車の車検を受ける。ついては、同車の巡回状態を示すために３０００冊の図書を積載する必要があるので、済まないが県立図書館の図書を積載用に貸してもらいたい」と願い出た。許可はすぐ出た。

29日の早朝、中原は係長と共に県立図書館に到着した。移動図書館車も陸送用のナンバープレートをつけて到着した。用意された３０００冊の図書は、県立図書館の司書の手によって、積載されていた。中原は、その行為に感謝しつつ車検場に急いだ。図書の積載に時間がかかり、車検場に着いた時は、午後2時を回っていた。明日は土曜日で車検場は休み。今日が3月の車検最終日とあって、満杯の状況であった。

やっと午後4時を回ったころに順番がきた。まずディーラーに車検を託した。中原と係長は共に待機所で待つことにした。

待つこと30分。ディーラーが息せき切って走ってきた。中原はいやな予感がした。

事情を聴いた中原は時計を見た。4時45分。もう今年度の予算執行期間は15分しかない。彼は、係長を伴って車験場内にある検査官の事務所へと走った。

「C市の図書館準備室長の中原と言います。今、ディーラーから聞いたのですが、大変ご迷惑をおかけしまして、申し訳ありません」

検査官は、ジロリと中原を見た。

「運輸省技官の前田です」

「前田さん、取り急ぎお詫び申し上げます。うちから運び込みました移動図書館車に、重大な瑕疵があって、大変ご迷惑をおかけしました」

「いえ、それで?」

「ところで、ディーラーからもお願いしたと思いますが、今夜一晩猶予をいただけませんでしょうか。今日これから自動車を持ち帰って、徹夜でご指摘の箇所を直します」

「一度不合格にしたものをすぐに見直すなんて、できませんよ。それに明日は土曜日ですよ。車検場の業務は休みです。明後日は日曜日で業務なしです」

中原は、ここは食い下がりどころだと、ファイトがみなぎってきた。

「係長！　H製作所に電話して、社長を呼び出してください。急いで！」

係長は大急ぎで社長を呼び出した。中原は係長から受話器を受け取ると、

「社長！　C市の中原です。今、車検場にいますが、おたくから納車された移動図書館車に重大な瑕疵が見つかり、車検場の係官が不合格を出しました。私はこれから係官に、明日にでも再検査してもらうようにお願いしますが、明日は土曜日です。検査日ではありません。それでも頼みます。しかし、どうしてもだめだと言われたら、今年度の予算1600万円が執行できなくなります。社長！　そうなったなら御社の責任として、この移動図書館車をそっくりC市に寄贈することを約束してください」

「瑕疵のあった箇所はどこですか？」

「運転席の右側の窓です。安全マークのないガラスが入っており、それが割れたのです」

社長は驚いた様子だった。が、すぐに答えが返ってきた。

「わかりました。運輸省の係官との話が決裂したら、わが社で責任を取ります。室長、頑張って交渉してください」

「分かりました。社長、その場を動かないで待機していてください」

話はついた。中原は時計を見た。5時まであと7分だ。7分の勝負だ。

中原は、係官と向かい合った。

「ところで前田さん。役所の会計年度は4月1日から翌年の3月31日までであることは、あなたも公務員ですから、ご承知のことと思います。

私には、C市に図書館を創設する責任があります。この移動図書館車は、その一環として製作されたもので、市民期待の自動車です。私たちは、車検を受けるために、午後2時ごろから並んでいました。あいにく今日は金曜日、年度の終わりとあって非常に混んでおりましたので、順番がきたのは、すでに午後4時を回っていました。

自動車に不備があって不合格になったことは、すべて私に責任があります。私は、いかような処分を受けようとも、それは構いませんが、この移動図書館車は、4月1日の発進式を終えて、すぐ巡回をはじめ、市民に図書館サービスを行うことが計画されております。市民は、大きな期待をもって、この移動図書館車の巡回を待っておるのです。

先ほどもお伝えしたように、今夜にかけてご指摘の箇所を補修します。無理なことは重々承知の上でお願いしますが、明日の土曜日、指定された時間に車検場へもってきますので、再検査をしていただけませんか。どうかお願いします」

中原は、熱心に心を込めて、一気に話し終えると、深々と頭を下げた。時計は午後5時2分前を指していた。

必死だった。中原は思った。

「まだ2分ある。首の皮はつながっているんだ。野球で言えば、得点は1点のリード。9回裏、ツーアウト満塁で、打者のカウントはツースリー。絶体絶命の大ピンチ。もし次の投球がボールだったら同点。勝利はお預けとなる。よーし、ここが勝負どころだ」

中原の脳裏に浮かんだ。

プレートの一塁側を踏んで、大きくに振りかぶると、揮身の力を込めて、アウトコース目がけて直球を投げ込んだ。

「打つなら打ってみろ！」とばかりに。直後、打者のバットは、空を切った。

「勝った！」と彼は叫んで、マウンド上で仁王立ちになった。

「中原さん！　中原さん！」

誰かが私を呼んでいる。中原はハッと我に返った。目の前に検査官の顔があった。

「中原さん、あなたのお話はよくわかりました。いいですよ。明日午前9時に自動車を車検場にもってきてください。今日指摘した箇所だけを再検査しましょう」

「お疲れさま」と言いながら、検査官は事務所を出た。

「今、何と言われた？」

中原は、へたばっている係長に言った。

係長は叫んだ。

「室長！　明日午前9時に再検査をするとのことです」

やった！　熱意は通じたのだ。2分間の勝負だった。

「係長！　仕事は最後まで諦めずにするものだね。熱意をもって」

中原は右手を電話機にのばした。H製作所に電話するために。


その夜、ディーラーは移動図書館車を社にもって帰り、夜を徹して補修した。

明くる日の午前9時、移動図書館車は車検を通過した。

7 「対面朗読」と「読書の秘密」

図書館の朝は忙しい。書架の乱れを整理したり、新聞の整備をしたりで、おおわらわだ。突如、司書の森田の声が館内に響いた。

「朝のミーティングを始めますよ！　皆さん、事務室に集まってください！」

森田「全員、集まりましたね。それではミーティングを始めます。

今日は木曜日、対面朗読希望の申し込みがありました。開館以来初めてです。ほんとうは先に当番を決めておきたかったのですが、今日の今日なので、午前10時からのカウンター勤務でない人のうち、誰かに担当してもらいたいのです。どなたかいませんか？」

齋藤「私がします。今日のカウンターは、午後3時からですから……」

森田「それじゃ、今日の対面朗読は齋藤さんにお願いするとして……、アラ、もう開館時刻の10時だわ。10時からのカウンター当番は、すぐ行ってください。残りの人はこのまま続けます」

森田は、ここまで言ってため息をついた。
森田「あのね、対面朗読室。これからは今日みたいなことが起こると思うの。だからあらかじめ当番を決めておきたいと思います。みなさんどうですか？　どのようにすればいいと思いますか？」
河西「あのう、ちょっといいですか？　対面朗読を行う曜日を決めておいて、それを『市政だより』と『図書館だより』でお知らせしたらと思います」
小野「それは、よい考えだと思います。周知徹底のために、館内の掲示板にも貼り出して利用者に直接知らせることも大事だと思います。それに、カウンターの上にも、『ご自由にお取りください』として、チラシを置いて知らせたらどうでしょう」
富永「対面朗読は、週に3日ぐらいにしないと、職員が足らないのじゃないですか？」
森田「そうなんですよ！　対面朗読をする職員をどのように確保するかが問題ですね」
秦野「あ！　それなら文庫のお母さんたちが、この間、朗読をさせてくださいと言ってたから、お願いしたらどうでしょう」
森田「そうですね。それじゃ、明日にでも連絡してください。週に3日としますと、月・水・金ですね。対面朗読の申し込みがあったなら、このようにしましょう。時間は、原則として午前10時と午後3時からでどうでしょう」
全員「賛成！」

森田「ありがとうございます。これで今日のミーティングを終わります」
秦野「(小声で) 利用があるかしら」
森田「そうね。あるといいんですが……」

ミーティングの司会を務めた森田は、今日の結果を館長の中原に報告した。

中原は、黙って最後まで報告を聞いていた。森田は、一生懸命に訴えるようにして報告していた。そして、森田の話を聞き終わったとき、中原はおもむろに口を開いた。

「わかりました。お疲れさんでした。私の意見を話していいですか？」


中原は話をつないでから考えた。

対面朗読とは、視覚が不自由な人に、図書館が所蔵している図書の中から希望される図書を、司書が読み聞かせる図書館サービスのことである。

対面朗読は、個室の中で行われる。それは外部の騒音を蔽遮して、司書の音読がよく聞こえるようにするためである。その部屋を「対面朗読室」と一般に名付けている。

対面朗読室内は、図書を朗読する司書と利用者とのマンツーマン形式になる。それは、ただ外部の騒音を避けるためだけでなく、その利用者が朗読を頼んだ図書の内容を他に知らせたくない、また聞かせたくないからである。つまり1979年に日本図書館協会の総会で決議された「図書館の自由に関する宣言」第3項の「図書館は利用者の秘密を守る」で規定する個人のプライバシーに属するからである。

この「図書館の自由に関する宣言」は、単に日本図書館協会という団体が制定したものと考えがちであるが、この「読書の自由」は、日本国憲法に根拠があるのだ。すなわち、この読書の自由は、言論、出版および表現の自由（第21条）はもとより、思想及び良心の自由（第19条）そしてすべての国民は、個人として尊重される幸福の追求権（第13条）の規定がそれである。これらの規定は、1983年6月22日、最高裁判所の大法廷において、未決拘禁者が新聞閲覧の自由を争った事件で、新聞閲覧の自由を認めた判決があったことを思い出させる。つまり、憲法上のこれら各条項に基づいた読書の自由が判例化されたのである。

読書の自由は、反面「内面の自由」をも含んでいる。つまり個人の心の中には、何人といえども立ち入ることはできない。思想・表現を培う源となる読書の自由は、個人の自由であって、他人が入り込む余地がないものと考える。プライバシーの基本としての読書事実は、秘密事項であって、例え権力でも押し入ることは許されないものである。

このように重大な事項を含む読書であるから、視覚の不自由さがあるとはいえ、本人の内面の自由に押し入る働きをもつ読書や閲読を、他人が読み聞かせるということは、基本的に許されない。

ましてや図書館職員である司書以外の者が、これを行うことは、本人承知のことといえども、個人の基本的人権の侵害となる。したがって、対面朗読をボランティアに任せることは、許されないものと考える。

図書館職員であれば、正規職員は、地方公務員法第34条で守秘義務があり、職務上知った秘密事項は守る義務があり、これに違反した場合は、同法第27条で懲戒処分の対象となる。非正規職員でも、会社などと労働契約する場合に、契約条項に守秘義務を規定するので、もしこれに違反した場合は、解約の対象となり、再採用の機会を失う社会的な制裁を受けることになる。言うなれば、これらの職にある者は、守秘義務があるので、個人の秘密に関わる業務にも携わることができるのである。

「館長！　どうされたのですか？　黙っておられて」

「ごめん、ごめん。実はね、対面朗読をボランティアの人達に任せるのは、視覚の不自由な方の読書の秘密、つまりプライバシーを侵すことになると、私は考えるのですよ。理由はね……」

中原は、これまで考えてきたことを、順々に話し出した。森田は、中原の話に相槌を打ちながら、熱心に聞いていた。そして言った。

「わかりました。みんなにも館長のお考えを話します。それでは、対面朗読のスケジュールは、週に2日として、火・木としましょうか。もし利用があればのことですが」

「そうですね。それでいきましょう。朗読をする司書が抜けたところには、私が出ますから、そうみんなに伝えてください」

「館長がですか？　利用者がビックリしますよ」

「なんで驚くのですか。私だって図書館員ですから、当然ですよ」

8 この本はどうする?

司書の森田が、館長に電話が入っていることを告げた。
中原は、受話器を取った。
中原「もしもし、お電話替わりました。中原です」
電話の主「お忙しいところ、突然電話しまして申し訳ありません。私、東京のG町立図書館長の梅田といいます」
中原「それはどうも」
梅田「実はですね。少し前に田町書房から出版された『自殺の遣りかた』(仮称)という本がありますが、うちの図書館ではこれを購入し、これまで一般図書のコーナーに排架して、公開してきました。この度教育委員会から『この本は社会に悪影響を及ぼす可能性があるから公開せずに処分するように』との通達がありました。しかし、この本は利用者が多く、予約も入っている状態なのです。いまさらこの本を書架からなくすわけにもいかず、かといって通達には逆らうわけにもいかず、どうしてよいのか迷っています。日頃、中原さんが、このような件でよく論文などを発表されておられるのをお見受けしていましたので、ご意見をお伺いしたいと思って、失礼とは存じますがお電話させていただきました」

中原「あ！　その本は、うちの図書館も購入しておりましてね、ご多分にもれず教育委員会の方から、同じような話がありました。しかし図書館は本来、あらゆる資料を収集して、利用者に提供することを使命とする機関ですから。この問題は、基本的には、その本質論から考えていかなければならないと思いますよ」

梅田「それはわかります。しかしどうやってその本質論を展開していけばよいのか。おたくの図書館では、どのように処理されておられるのか教えていただけませんか？」

中原「そうですね。少し長くなると思いますが、よろしいですか？」

梅田「はあ、結構です。お話し願えますか？」

中原「わかりました。

　私たちはまずこの問題について考える前に、この教育委員会からの通達の性質について検討しました。

　うちの図書館では、司書全員で構成する司書会議を規則でつくっております。資料に関する問題についても、そこで検討します。もちろん館長の私もメンバーですから、参加して発言もします。

そこで考えたのは、教育委員会は、行政の組織である点です。地方自治法によれば、首長には地方の行政上の権限がすべてあって、その中の教育に関する部分が教育委員会に委譲されているのです。釈迦に説法かもしれませんが、教育委員会は常時開かれていませんので、日常における教育上の問題を処理するために、教育委員の中から選ばれた一人の委員が、教育長としてその任にあたっています。その教育長の補助機関が今日、県の機関としては教育庁、市町村の機関としては教育委員会事務局と呼ばれているのです。

そして、県立図書館や市町村立図書館は、社会教育法によれば、教育機関と定められておりますから、当然、教育長の補助機関であるということになります。したがって図書館の上級機関は、教育長でしょうね。

ところで通達とは広辞苑によれば、『上級機関が所管の機関・職員に対して発する指示の通知。通牒』であるとされており、この場合、教育委員会からの通達は、事実上は教育長が発したものと考えてもいいんじゃないでしょうか。したがって下級機関である図書館は、教育委員会から発せられた通達に拘束されるでしょう。

ですからこの場合、問題の図書『自殺の遺りかた』は、このままだと一般図書コーナーから引き抜いて、利用者の目に見えないようにすべきでしょう」

梅田「やっぱり、そうでしょうね」

中原「ところが司書会議の結論は、その反対でした」
梅田「え？　反対だったのですか」
中原「そうなんです。つまり『図書館の存在価値は、どこにあるのか』から考えたのです。そうしたら、結論は一般図書コーナーに、そのまま排架しておくことになったのです。ただし、条件はありますけれどもね」
梅田「その条件とは何ですか？」
中原「図書館の根本原理です。何でもそうですが、物事を考えるときは、その対象になっているものが、『なぜ存在するのか』という基本原理から始める。

この考えを図書館に適用すれば、図書館が存在する基本原理は、何なのか？　それは今日でいえば、情報（資料）を必要とする人に、適切な情報を提供することではないでしょうか。そのためには、誰からも、特に権力からも自由な立場で、利用者が最も必要としている情報を公平に選定・収集し、それらを整理して、利用者へいつでも提供できるように準備（排架）しておくことが必要ではないでしょうか。このことは図書館法にも明示されていることです」

梅田「わかります。私たち司書は、日常の業務に追われて、そのことを忘れがちですね」

中原「だけど、それではいけないのです。いやしくも専門的な職業とされる司書である限り、許されないことです。

この度の事案についても、教育委員会の通達に従っていれば気は楽でしょう。しかし、選定した資料を必要とする利用者に提供しない立場をとるならば、それはもはや図書館とは言えないと思います」

梅田「それはそうです。よくわかります」

中原「ですから、このことを前提にして、教育委員会の件を考えていきました。

まず、この通達の指示どおりに実行したらどうなるか？　ここから考え始めたのです。当該の本をひっこめ、関係するすべてのデータを、つまりＭＡＲＣによる書誌データを、抹消する。目的は達成されますが、これでいいのでしょうか？

結論は明確です。いいわけないでしょう。この方法は、図書館側の都合だけを考えたものですから。大事な利用者側の立場を全然考えていません。これまで排架されていた本が、棚から消え、利用者の目に触れなくなります。また、本があることを前提に利用者から受けたリクエストの処理も生じます。大きな問題が残りますね」

梅田「そうなんですよね」

中原「第一、利用者に話しても納得しないでしょう。怒ってしまいますよ。なぜなら利用者は、あたりまえの知る権利を奪われたからです。もっと言えば、図書館での読書の自由をも奪われたのですからね。

司書会議は、どうすれば利用者が納得するか、その点に焦点をおきました。基本は、あくまでも利用者の立場で、ものを考えて行くことです。

会議では、あらゆる場面を想定して色々な意見が出ました。その結果だけをお話しますと、問題となっている図書は、一般図書コーナーに今まで通り排架して、利用者に提供します。

ただし、これだけ問題になった本ですから、種々の雑誌や新聞に批評などがたくさん掲載されているので、それらの記事を丹念に切り取って台紙に貼り付け、それを当該本の裏表紙の前に添付することにしました。

なぜなら、問題になっている本を読もうとしている利用者へ、本文を読む前、あるいは読んだ後に、添付したあらゆる批評記事を見てもらい、自分なりの判断をする際の参考にしてもらうためです。」

梅田「教育委員会の方は、どうなったのですか？」

中原「教育長から、どう処理したかの報告書を提出するよう求められましたので、これまで述べてきましたことを、丹念に書いて提出しました。なお、提出書の最後の方に、通達に反した行為、つまり上司の命令に従わなかった行為に対しては、すべて館長の責任であり、如何様な処分をも受ける覚悟でおりますと、明記しておきましたが、その後、何の連絡もありません」

梅田「それで済んだのですか？」

中原「済んだのでしょうね。ただ、市議会では一般質問を受けましたので、図書館の社会的な使命と、これまでに説明したことをお話しして、最後に、図書館は時の権力に左右されることなく、その使命を全うするだけであり、図書館は民主主義の最後の砦であると付け加えました」
梅田「図書館は時の権力に左右されるものではない、図書館は、民主主義の最後の砦であるとは、よく言ったものですね。まさにそのとおり」
中原「いやー、今から考えますと冷や汗ものですよ。
　ところで、ずいぶんとお話ししましたが、おわかりいただけましたでしょうか。要は図書館の問題は、図書館自身が決めるのであって、外部からの圧力や権力によって左右されないということです。長時間の電話になりましたが、大丈夫でしたか？」
梅田「こちらこそ、電話で貴重なご教示をいただいて、本当にありがとうございました。お話の内容は、よくわかりました。早速、うちの図書館運営の参考にさせていただきたいと思います。ほんとうにありがとうございました。これからもよろしくお願いします」
中原「こちらこそ、よろしくお願いします。職員の皆さんにもよろしくお伝えください」
梅田「ご丁寧に！　それではこれで失礼します」
中原「お元気で！」

そう言って、中原は受話器を置いた。なんだか疲れがドッと出てきたような感じがした。

司書の森田が、

「ずいぶん長かったですね。話すほうも聞くほうもきつくなかったですかね。私も側で聞いていて、大変勉強になりました。お疲れ様でした。お茶でもおいれしましょうか？」

「ありがとうございます。それでは甘えますか」

「甘えるなんて……。粗茶ですがどうぞ！」

中原は、森田がいれてくれたお茶を飲んだ後、利用者が調べ物をしたり本を探したりしている館内の利用者を眺めた。

中原「森田さん、今、時間ありますか？」

森田「ハイ、今度のカウンター勤務まで、少し！」

中原「それじゃあ、もう少し今の続きをお話ししましょう」

森田「私一人でいいんですか？」

中原「ええ、みんなには、今月の司書会議でお話ししますから……。

先ほどの梅田さんとの続きなんですが、今回は、特定の本について、どう扱ったらよいかとの問い合わせでした。だから、その本の取り扱いだけについて、お話をしたのですけれど、本来、図書館には、先に述べたとおり、資料を収集し、それらを整理・保存し、利用者が必要とする資料を提供するという三つの要素が備わっています。これは図書館法にちゃんと明記されていますね。

ですから、図書館の使命は、一口に言えば『利用者が必要とする資料（現在はこれらを情報と言っています）を提供する』ことにあると言っても過言ではありません」

森田「提供するって？」

中原「そう、一口に提供と言っても、多様ですね。

例えば、最も中心的な本館・分館のカウンターでの提供、文庫への団体貸出による提供、相互貸借による提供、さらには移動図書館での提供、病院・刑務所や老人保養所など、図書館に来られない方に、図書館が出向く提供などいろいろあります。これらをひっくるめて提供と言っているのですが、図書館の仕事には、これら提供以外に、情報（資料）の保存という大切な役目があるのです。

過去の文化遺産を現在に引き継ぎ、現在の文化遺産をこれに加えて、未来に引き渡すという、大切な仕事です。現在の情報（資料）は、貴重な文化遺産ですから、これらを将来の人々のために残すこと。図書館には、この役目があることを忘れてはなりませんね。将来の文化や科学の発展につながるのですから……。

さらに、情報（資料）を保存する役目を持つ図書館の存在は、古い情報（資料）を見たり、研究する人にとって、貴重な存在です。

例えば、今度の問題に題材をとれば、『自殺の遣りかた』（仮称）を蔵書の一冊にしている図書館が、現在の社会秩序に反する、あるいは公序良俗に反するなどの理由で、教育委員会などの権力組織、あるいは公的・私的な圧力団体から、その本の処分を求められたといって、そのとおりに処分してしまったならば……」

森田「どうなりますか？」

中原「考えられるのは、時が経過してから何かの研究資料として、どうしてもその本が必要になったとき、図書館がその本を処分していると、研究者はそこで見ることができず、かといって、再版の本も手に入らないとすると、まったくのお手上げになってしまいますね。研究者に限らず、他の利用者も同じ思いをするでしょう。そのようなことになったら、研究の進展を妨げ、文化の発展を阻害することになるかもしれません。そして未来への文化の引き継ぎにも支障が出るかもしれません。

ですから、図書館は、このようなことが起こらないように、たとえ圧力がかかっても、文化遺産の保存の一環として、この本を保存するよう、もし館長が処分を受けようともこれを死守しないといけないのです」

森田「だけど、その役割は市町村の公立図書館では、完全には果たせないと思います。なぜなら市町村立図書館では、資料の購入費に限度があり、しかも利用者と直に接する図書館だから、利用者が今読みたい本を中心にそろえる必要があります。館長が言われるようなことをするのは、無理だと思いますが……」

中原「そのとおりですね。これができるのは、国内で出版される資料のすべてを手に入れることができる図書館に限られるということになりますね。世界各国には、このようなことができる図書館として、国立図書館があります。わが国には、国立図書館として国立国会図書館があり、その役割をしております。どうやって資料を収集するかといえば、国立国会図書館法が制定され、それに納本制度が規定されていて、国内の出版物は、国立国会図書館に数冊納めることになっています。この制度に基づいて資料が納本されてきます。ただ、この法律には罰則規定がないので、あまり守られていないそうですが。そうであればわが国の文化遺産が散逸されて、残念なことです。守ってもらいたいものですね。


とにかく、この国立国会図書館が、未来の人々に文化遺産としての情報（資料）を引き継ぐ役割を持っているのです」

森田「それじゃ、県立図書館の役割はどうなるのでしょう」

中原「それが今、難しい問題として残っているのです。


県立図書館の現状を見ると、そのほとんどが市町村立図書館と同じように一般の利用者に貸出業務を行っており、中には市町村立の図書館と貸出冊数を争っていると聞きます。それも必要でしょうが、県立図書館として、もっと違った役割があるんじゃないのかと思うのです」

森田「といいますと？」

中原「これから話すことは、一つの考えとして聞いてもらいたいのですが……。

県立図書館に勤務していた頃から考えていたのですが、昭和50年代、全国の図書館の設置数は、現在から考えますと比較にならないほど少なかったのです。しかし、県立図書館だけは、さすがに各県にありました。それが昭和60年代になってから、俄然、図書館建設のブームになったのです」

森田「なぜですか？ そんな急に、どうして？」

中原「誰でもそう思いますよね。

当時は、戦後の高度経済成長で、日本国中が好景気に沸き、社会が物質的に豊かになったため、日本の人々の多くが有頂天になっていました。しかも世界第2位の経済成長率でしょう。ところがね。おそらく、ここに落とし穴があったのです。それはあまりにも豊かになり、お金さえ出せば何でも買えるという物質尊重主義になってしまったのです。

このような社会状態で、次に何が起こると思いますか？」

森田「わかりません。何が起こったのですか？」

中原「そうか、森田さんはまだ生まれていなかったかもしれませんね。現在の図書館事情の状態を知るには、過去の状態を知ることも大事なことです。是非、勉強してください。

さて、物質尊重主義になってしまった日本社会では、陰惨な犯罪が起こるようになりました。人々は、なぜこのような犯罪多発の社会になってきたのかを考えました。人間としていちばん大切な心の中が希薄になっていることに気がついたのです」

森田「心がですか？」

中原「そう、心の問題です。人間、善悪の見分けが利かなくなったらおしまいですよ。言葉は悪いが、今から考えれば末期症状ですよね。そこで、この心の中にあいた穴を埋めるにはどうしたらよいかを考えました。

そこで思いつきました。人間、生涯を通して勉強を続けていかなければ、思考が退化するのではないか。もちろんその中では、道徳観、つまり物事に対しての善悪の判断も退化していくでしょう。そしてまた、思いつきました。まず読書から始めて行くことを。読書こそ心を癒す最良の方法であることを。時あたかも世界的に生涯学習の嵐が吹きまくり、世はまさに生涯を通じて学習する時代に突入していたのです。世界は、この半世紀を通して人間同士の争いの連続でした。そのような状態から抜け出るために、ユネスコが中心となって生涯を通しての学習の大切さをといたのです。

日本でのピークは、平成５（１９９３）年でしたかね。世界的な生涯学習の流れの中で、昭和60年代から、国内の市町村では競って図書館の建設を進めました。なぜなら生涯学習の中心となるのは図書館であるということで、最も重視されたからです。

もちろん、このような社会状況になったのは、経済成長の一環として工業化が進んだ結果、大気汚染、水質汚濁、地球全体の温暖化などの影響で、地球上に大きな変化が生じてきたという危機感も重なっておりました」

森田「生涯学習概論で学びました」

中原「そうですね。図書館の勉強をするためには、その背景を知る必要があり、その意味で重要な科目だと思いますよ。それはそうとして、このような背景のもとに市立図書館の建設は進展してきましたが、町村立図書館の建設がちょっと遅れました。これは無理もないことです。図書館を建設するには、莫大な費用がかかりますからね。

今日では、日本図書館協会が毎年刊行している『日本の図書館』を見ればわかるように、市町村の図書館の発展ぶりは、過去を知る私にとって、目を見張るものがあります。しかし、その運営内容を知れば、首をかしげるものもありますがね」

森田「館長、それで県立図書館の役割はどうなったのですか?」

中原「そうでした。だけど、これまでの話は、それに関係があるのですよ。

私が言いたいのは、現在のように市町村立の図書館が多くなった今、貸出や返却などの業務は、市町村に任せて、県立図書館は、市町村立図書館を資料の面でのバックアップする機関に徹すればいいと思っているのです。

なぜなら、市町村立図書館は、資料購入費が非常に少ない関係で、利用者が今読みたい本でも入手できない状態なのですから。それで、レファレンス業務にも支障が出てきています。だから県立図書館がバックアップする意味で、市町村立図書館の必要とする資料を相互貸借で補充する。いわゆる参考図書館としての役割に徹すればよいと思うのです」

森田「館長の持論ですね」

中原「そう言われてみればそうですね。他に、違った意見がたくさんあるでしょうが、私は県立図書館が生き延びる術は、これしかないと思っています。

いや、森田さん、長い話につき合ってくれてありがとうございました。疲れたでしょう？

もうすぐカウンター勤務の時間ですね」

森田「大変、勉強になりました。こちらこそありがとうございました」

9 未成年者の利用カード

森田「もしもし市立図書館の森田と申しますが、坂田さんのお宅でしょうか？」
坂田「はい、そうです」
森田「失礼ですが、坂田千春さんのお母さんでしょうか？」
坂田「千春の母ですが……何か？」
森田「実は、千春さんが図書館から借りた本の返却期限が過ぎております。一週間ほど前に図書館で千春さんを見かけましたので、『本読んでしまった？』とお聞きしたところ、『ウン、読んだ』とのことでしたので、『じゃ、その本を図書館に返して、次の本を読もうか』と伝えましたら、『本をなくしちゃった』とおっしゃいまして。『じゃあもう一度、お家の中を探してみようか。あったら図書館に持ってきてくれる？　なかったら電話してください』と言っておきましたが、千春さんは、今、お家におられますか？」
坂田「あ、そうですか。千春は今、遊びに行っておりますので、帰って来たら聞いておきましょう。

図書館から本を借りているなんて、知りませんでした。ご迷惑をおかけしました。いつ登録したんでしょうか？」
森田「今年の5月3日に登録されています。その日の夕方、お母さんにお電話をして、承諾していただきましたけれど……」
坂田「いいえ、ちっとも知りません。私がですか？」
森田「はい、そうですが……」
坂田「いいえ！　知りません」
森田「千春さんからも、聞いていらっしゃいませんか？」
坂田「いいえ、聞いておりません。それにしても千春はまだ5歳ですよ！」
森田「ですから、利用カードを申し込まれたその日のうちにお電話して、ご両親のどちらかにご承諾をいただいておりますが……」
坂田「私の横に主人がおりますが、知らないと言っております。両親が知らないところで図書館から本を借り、もし、なくした場合は、どんな扱いになるんでしょうか？」
森田「本をなくされた場合は、借りた本と同じものをお買いになって図書館に弁償するか、同じものがなければ、なくした本の価格を上限として、図書館からお願いした本を買っていただくことにしております」

坂田「両親が知らないのに、子どもが勝手に図書館から借りてもですか？　子どもが未成年であっても、弁償しないといけないんでしょうか？」

森田「……」

中原は、森田のかたわらで受け答えを聞いていて、話の内容を大体推測することができた。中原の創設した図書館では館長室を設けず、館長は職員と同じ室内で仕事をしているので、森田の声はよく聞こえていた。話が進むにつれ、内容がだんだん難しくなってきたことを、中原は森田の表情から読み取っていた。

中原は、「電話を替わろうか？」と、ジェスチャーで合図を送った。森田がこれに気づいて、「お願いします」と、目で合図を送ってきた。中原は、右手を挙げ「了解」の合図を送りながら、机上の電話機に手を伸ばした。

この話、どうやら問題点が二つあるようだ。一つは、未成年者の子どもが、利用カード発行の申請をしたので、図書館側はそれに応じてカードを発行し、本人に渡した。子どもは、この利用カードで図書館から3冊の絵本を借り出して家に帰った。図書館は未成年者に利用カードを発行したので、親権者である母親に電話をし、事情を説明して了解をとった。

しかし今、森田の対応を聞いていると、どうやら母親は図書館から承諾を求めた電話があったことを否定しているようだ。つまり、図書館が子どもに利用カードを発行したこと、3冊の絵本を借りたことの両方を知らなかった。その状況にあっても、その本の弁償に親として応じなければならないのか。これが二つ目の問題のようだ。

中原「もしもし、お電話替わりました。館長の中原と申します。大体の内容は、うちの森田とのやりとりからわかりました。つまり、おたくの5歳になる娘さんに、図書館がご両親の同意をもらっていない利用カードで絵本を3冊貸し出した。その後、娘さんは借りた本をなくしてしまったらしい。そこで、なくしたことへの対処、つまり弁償をしなければならないのか、ということですね？」
坂田「ええ、そんなとこですかね」
中原「しかし、まだなくしたことがハッキリしてないんでしょう？」
坂田「まだ本人から聞いていませんので……。だけど問題は、そこにあるのではなくて、未成年の娘が親の承諾もなく勝手に利用カードを発行してもらい、絵本の貸出に図書館が応じたことです」
中原「なるほど、おっしゃることは、よくわかりました。

まあ、これは一般論としてお聞き願いたいのですが、私どもが利用カードを発行するときは、カードの発行願いに利用者本人が書かれた事柄、つまり申告された事柄を見て、それが未成年者からの申告かどうかを判断して、成人からの利用カードの発行願いと分けて取り扱います。なぜなら未成年者が親権者（法定代理人のこと）の同意なしで利用カードを発行したので、後から親権者に同意をもらうお電話をさしあげるためにです。そのお電話は、図書館が閉館する30分ぐらい前から、担当の司書がさしあげています。

これまでの例では、同意しないという親権者の方はいらっしゃいません。また、せっかく図書館で本を借りようとするお子さんに「あなたは今、利用カードの発行を申し込まれたので、このことをお父さんかお母さんにお話しして、お許しがあったなら、その時、本をお貸ししましょうね」と言うことは、本人の気持ちに水をさすようで可哀想です。当日の夕方にでも親権者の同意をいただくことにして、お望みの本をお貸しすることにしているのです。

しかし、先ほどからのお話ですと、図書館からの電話を、お父さんもお母さんもおとりになっていないとのこと、これは換言すれば、親権者の同意がなかったものとなります。同意がなくて、子どもさんが借りたことについては、親権者としてのご両親には、責任がないのではないかとのお話になりますね。だから弁償には応じられませんということになりますね」

坂田「そうなんですよ」

中原「この問題は、複雑ですから、一つひとつ考えていきましょう。

まず、この問題の発端は、図書館が、未成年者の千春さんに利用カードを発行したところですね。

このカードの発行には、なんら問題はないと思います。なぜなら単なる事実行為に過ぎないからです。しかしこのカードは、ただのカードではありません。このカードで図書館の本を借りることができるからです。つまり借りる権利が生まれて、また返す義務が生じるカードなんですね。だから厳密に言いますと、このカードは権利義務にかかわるものですから、ご両親の同意が必要と考えます。おたくのお子さんは、ご両親の同意のないカードで、図書館から本を借りたことになります。

図書館側から申しますと、利用カードを発行して、本を貸し出したことの同意をもらうために、ご自宅へお電話をしたのですが、ご両親は、そのような電話を受けた覚えはないとおっしゃる。こうなったら言った言わないの押し問答になってしまいます。どちらも証拠がないから、この場合は、ご両親の同意がなかったとしましょう。具体的には、千春さんが図書館から本を借りたことは、図書館を相手とした一種の契約（使用貸借・民法第593条）で法律行為なんです。この契約は、ご両親（法定代理人）の同意を必要としますが、同意がなければ、ご両親は、この契約を取り消すことができます（同条2項）。取り消されますか？」

坂田「取り消した場合は、どうなるんでしょう？」

中原「利用カードの発行から、それによって本を借り出したことまで、すべて無効、つまりなかったことになります。なくした本の返却義務もありません(同法第121条)。ただし、借り出した本が、今、手元にあれば、あるいは今後見つかった場合はその本は返さなければならないのです（同法第

121条但し書き)」
坂田「未成年者が親に言わずに利用カードを作って、本を借りたとき、親がこの行為を後から認めたならば、どうなるんですか?」
中原「その場合は、追認されたのですから、最初から有効なものになり、以後、取り消すことができなくなります(同法第122条)。追認されるんですか?」
坂田「いいえ、追認はしません。だったら紛失した本は、手元にないから弁償しなくても済むのですね」
中原「法律を適用すれば、そういうことになりますね。ただ、この場合、法律がこうなっているからこうすると、単純に考えることは容易なことですが、そこは、市民の図書館ということに重きをおいて、図書館は自分たちのものだとお考えいただきたいのですが。いかがでしょう?
今回のことは、今までお話ししたとおりに処理することにして、今後の問題としては、子どもさんは真剣に本を読みたいのですから、その気持ちを育む意味でも、今この瞬間から、作っているお子さんの利用カードに、同意を与えてくれませんか? そうしていただきますと、これからお子さんは自由に図書館から、本を借りることができるのですが……。いかがでしょうか?」
坂田「よくわかりました。館長さんのお名前は?」
中原「中原と言います」

坂田「これからは、作っていただいた利用カードで、本を借りると思いますが、その節はよろしくお願いします」
中原「わかりました。たった今、利用カードを作ったということになります。つまり、これまでに行われた事柄は、ご説明したとおりに処理させていただき、たった今からの事柄は、新しく発生した事柄としてやっていきましょう」

中原は、やっと一段落できたと思い、心配して話を聞いていた、森田にグーのサインを送りながら、片目をつぶってみせた。

しかし、坂田さんとの話は、まだ終わってはいなかった。中原は受話器を握り直した。

坂田「あのー、これは一般論としてお聞きしたいのですが」
中原「何でしょうか？」
坂田「未成年者とは、満20歳までの者を指しますよね」
中原「そうですね。民法でそう定めていますね（民法第4条）」
坂田「すると、図書館では、満20歳未満の人達が利用カードの作成を申し込みましたら、それぞれに親権者（法定代理人）の同意を求めるんですか？　満20歳というと、社会人になっている人や、大学の2年生、あるいは短期大学や専門学校の学生など多くの人達がいます。大変ですね」

中原「おっしゃるとおりです。法律どおりに解釈しますと、そうなりますね。だけど、図書館では、そんなことはしません」
坂田「えっ、だったら法律に反しているんじゃないですか？」
中原「そうですね。そのとおりですね。
　だけど、法律のとおりにしていますとね。図書館の利用者の7割ぐらいの人を対象にしないといけませんよ。だって、図書館の利用カードを発行するために登録している人の年齢を調べると、約5割ぐらいの人が未成年なんです。このような人達に、いちいち親権者の同意を求めることは、至難のわざですよ」
坂田「じゃあどうしているんですか？」
中原「これは学問的な面での結論ではないんですが、私どもの図書館では、未成年者のなかで、ものの分別、善悪を理解できる能力がある年齢を一律に判断して、その年齢以下の人だけに限って、親権者の同意の対象者にしています。つまり、小学校低学年以下の年齢の人を、同意を必要とする年齢として決めております」
坂田「一方的にですか？」
中原「そうでもないんですが……。この方法は、開館以来実施しておりますので、図書館としては、慣習になっているんですよ。つまり図書館と利用者の間で、無言の規律になっているといってもいいんじゃないですか。この方法は、慣習として認められており（民法第91条、第92条）、また慣習法としても認められていますから（法の適用に関する通則法第3条）」

と、中原は言いながら、果たしてこの法的な考え方が正当かなと、ちょっと自信がなかった。

坂田「慣習法ですか？　そんな法律があったんですか？」

中原「法律と言いますと、国会で議決されたものをさしますが、この場合はそのような手続きを取らずに、社会的に慣習として認められた、言わば〝おきて〟みたいなものです。

ご承知のように、現代の社会は日進月歩です。社会は人々が考えるよりもはるかに早く、思いもよらない事柄が起こります。つまり、社会の進歩に法律の制定が追いつかない場合もありますね。このような環境の中で、実際に人と人との間で交わした約束事を破って、民事訴訟となった場合、裁判官は裁く基準となる法律がない分野では事件を放り出すかといえば、それは許されないでしょう。

したがって裁判官は、その事件を収めるために、ずいぶん長い間、人々の間で適用されきた約束事があったならば、その約束事にしたがって、裁判を行います。この約束事が、あたかも法律であるかのような効果をもたらすのです。つまり民法では、原則として当事者が慣習に従う意志を示している場合は、その慣習によって判断することとされているんです（民法第92条）。

図書館では、今、私が話したように、小学校低学年までの人に限って、親権者の同意を得ることにしているところが多数あって、利用者からも、このやり方に何も苦情らしきものも出ないので、長い間、このやり方を続けてきているんです。ですからこの方法は慣習となっていると解釈でき、慣習法的な存在と考えます。

この理論は、イギリスからきたもので不文法（コモン・ロー）論であって、成文法論と対になっています。不文法論は法制上、古代社会時代から発祥した説だとされています。ただし、この理論は、人を罰することができる行為と、それに対する罪を定める、いわゆる罪刑法定主義には適用しません。

長く、難しい話になってしまいましたが、ご理解いただけたでしょうか」

坂田「ちょっと難しかったですが、わかりました。お時間をとらせて済みませんでした。失礼します」

中原「こちらこそ、失礼しました」

話は終わったが、側で聞いていた森田には、腑に落ちないことがあった。

森田「館長、私、電話しました。間違いありません」

中原「わかっています。だけど、あなたには悪かったけど、図書館がどれだけ言っても、相手が聞いていないと主張するならば、証拠があるときは別として、どこまでいっても平行線をたどるばかりですから。これは市民のために行政サービス（図書館サービス）を義務とする行政（図書館）側が、市民の主張を認めなければならないと思うのです。他に違った考えもあるでしょうが、私はそう思います。

なぜなら図書館の決定は、取りも直さずに市長の決定であるというところに、考え方の基があると思うのです。図書館は行政組織上、直接には教育委員会の補助機関としての役割を果たす訳ですが、教育委員会は市長が持つ行政権の中から教育に関する部分の委任を受けた機関で、図書館の決定は、間接的には市長の決定に通じるのです。市長は市民の付託を受けて、市民の幸福のために行政権を実施しているのです。極端に言ったら、そんな市民と言い争って、相手に不快な念を与えることは、よほどの確証がない限り、行政の目的ではないと考えます。

ですから、私は森田さんが電話したことは、本当だと思いながら、あえて坂田さんの言い分を立てたのです。森田さんの考え方や行為は正しいと私は思っています。しかし、行政サービス（図書館サービス）を行うときには、我慢しなければならないときもあるんですね。わかってくださいね」

10 煩雑極まる図書館業務

司書の石井が、カウンターから館長の机の前に来て、1枚の名刺を差し出した。

「館長、カウンターに、こういう方がお見えになって、お目にかかりたいとのことです」

「そうですか。応接室にお通ししてください。すぐ行きますから」

「はい、わかりました」

中原は名刺を見た。「K市教育委員会社会教育課課長　福永武」とある。福永とは、社会教育協議会での顔なじみである。応接室の扉をノックして中に入った。

中原「どーも、お久しぶりです」
福永「いやー、こちらこそ。立派な図書館ですな。毎日、利用者が多くて、貸出数では日本一と新聞で拝見しましたが、今日もご多分にもれず多くの利用者がみえていて、驚きました」
中原「ありがとうございます。やっと落ち着いたところです。ご用件を伺いましょう」

福永「実はですね。うちの市長が、来年度の予算で図書館をつくると言いましてね。大体どれくらいの費用が必要か調べてほしい、と頼まれたもんですから、ちょっと教えていただきたいと思って、伺った次第です」
中原「それは大変な役目を仰せつかったものですね。つくられる図書館は単館ですか？　それとも何かほかの施設との複合型をお考えでしょうか？　それによって費用が変わってきますが……」
福永「まだそこまでは決まっていませんが、このご時世ですからね。恐らく計画としては、文化施設のホールあたりと複合して、建設を進めることになるだろうと思います」
中原「そうですか。いずれにしてもお金のかかる仕事ですね。まだ予算編成の前の段階ですから、時期的には概算要求でどれくらいの額にするか……」
福永「そうですね。どんなところに配慮して構築するのか。正直、うちはそう予算がないのですよ。教育委員会としては、特に学校教育の施設の充実や教員の配置をどうするかなど、これらの優先されるべき仕事がいっぱいで、本当のところ、図書館までは手が回らないのです。
しかしご承知のように、世間ではまさに生涯学習の必要性が叫ばれており、文部省もその方針を掲げている現状の中で、地域の文庫活動をされておられる人々を中心にして、市民の中にその輪が広がり、図書館建設の要求が強くなってきたのです。
考えてみれば生涯学習を標榜する本市としては、その中枢は何といっても図書館であり、それがないところでは、雲の中に手を突っ込むようなものだと思うのです。

特に隣の市が図書館をつくり、目を見張るような勢いで市民の利用が増えています。加えて市全体の活性化が図られているのを見て、市民はもちろん議会の方も動き出したようです。どうやら市長も本腰を入れたようで、どうせつくるなら隣の市に負けないような、精魂を込めた堂々たるものをつくろうと考えたようです。

そこで、今日は、図書館をつくる場合、まず準備室を設けなければならないことは知っておりますが、そこでは何に重点を置いて業務をしなければならないか、それに必要な職員の問題はどうされたかについて、教えていただきたいと思いまして……」

中原「ご主旨はわかりましたが、今のお話だけでは、まだ、それこそ雲をつかむような感じです。私なりに理解した範囲で、できるだけわかりやすくご説明したいと思います。お時間はよろしいですか？」

福永「私は構いませんが、館長こそ突然なのによろしいのですか？」

中原「私は構いません。職員たちが十分に私を補佐していますから。

まず、近い将来、利用者になる住民が、どのような図書館を欲しているのか、その声を聞くことから始めなければならないでしょう。

図書館ができるのは喜ばしいことですが、ただ、よその市町村がつくっているからうちもつくらなければとか、住民たちがうるさくいうのでとか、簡単な考えでつくろうとしているところが最近多いですね。市民を無視した図書館には、いわゆる〝図書館の魂〟が入っておりませんので、すぐ利用者から飽きられてしまい、閑古鳥が鳴くでしょう。

ですから、まず最初に住民の意見を十分に聞くことが大切なことだと思います」

福永「うちは、市が直営する図書館を考えています。ですから、図書館準備室をまず設置するための条例を制定して、中原館長、あなたを室長として迎えたいのです」

中原「冗談でしょう？」

福永「冗談ではないのです。館長は、来年の3月で県からの派遣期間が切れるでしょう？　だから、うちの市長が県の教育長に打診をしたのです。初めは渋っておられましたが、最後には本人さえ良ければ……、というところまできたのです」

中原「ちょっと待ってくださいよ。今日は何をしに来られたのですか？　私の人事を本人が知らないところで、そんなことをして。困ります。私にはまだ半年任期が残っているのですよ。駄目です」

福永「この件は後ほどにしましょう。また改めてうちの教育長がお願いに上がると申しておりますから、聞かなかったことにしてください」

中原「聞いたのですから、仕方ないでしょう」

福永「今日はそのことで来たのではありませんから、先ほどの続きに戻します」

中原「なんだかおかしな気分です。どこまで話したのでしょう？」

福永「準備室を設置して、中原さんに室長をとの話から横道にそれたのです。

話を続けます。さらに『職員の設置に関する規則』を改正して、〈室長・司書・司書補〉職を正式に設けます。そして室長は課長職、司書は技師職、それに司書補は技師補として格付けします」

中原「室長を課長職にしたのはいいですね。おたくはうちと同じように部長制度がないからですね。課長職ならば、議会で答弁ができ、議会を通して市民に訴えることもできますからね」

福永「ところで、室長が来られるまで何をしていたらいいですか？」

中原「私が行くとは限りませんよ。だけど一般論として考えられることは、まず職員の問題です。今度つくる図書館は、当然、図書館法によって運営されるでしょう。その図書館法によると、条件さえ整えれば補助金の対象になります。

その条件の一つは、必ず人口比で職員を採用しなければならないこと、二つ目は、館長は司書の資格を持ち、常勤職員であって、さらに豊富な経験を持っていることとなっています（旧図書館法による）。これらの条件を満たせば申請することができます。

しかし、今の市部ではともかく、町村予算の現状では、この条件を満たすことは難しいでしょうね。それで実際には、自治省の〈まちづくり債〉を使って何とかつくっているらしいのです。なかなか大変です。このままでは、町村部での図書館創設の増加は、望むべくもないのではないでしょうか。

今、この図書館法による補助金の条件を削除する話があるようですが、これも定かではありません」
福永「本当に財源を探すのがひと苦労です。うちは自主財源として、先ほどの話にありました自治省の〈まちづくり債〉のお世話になろうかと思っておりますが、どうなるかわかりません」
中原「しかし、財源の措置が早く決まらないと、職員をどうするかが決まらないのではないですか？」
福永「おっしゃる通りです。ですから一般論でいいですから、教えてください」
中原「私のとった方法は、まず図書館でやらなければならない業務を考えて羅列します。次に、これらにかかる業務量と、それにかかる1日の時間数を年間の時間数に換算し、この時間数を職員一人当たりの労働時間数（労働基準法による）で割った数字を出す。これが全体の職員数になります。この方法で割り出したら、22名が必要な職員数になったのです」
福永「22名ですか？　すごい数字ですね」
中原「そうなんです。これをまともに人事課長や財政課長に伝えたら、腰を抜かすでしょう」
福永「そうですよ。それは無理な数字だと思いますよ」
中原「ですから概算要求の前に、あらかじめ人事課長にこの数字で打診してみたのです。そうしたら思った通り、『そりゃあ、無理だ』という返事。だったら16名ではどうかと言ったら、『その数字でも無理だ』。

うちは図書館法による補助金をもらってつくったものだから、人口比で採用すべき職員4名は、司書を採用しました。それに事務職の職員を内部異動で1名補充し、館長は県からの派遣で来た私。これで6名でしょう。結果的に、そこに、あらかじめ市の方針で決まっていた業務委託で、6名に受託会社から来てもらい、何とか12名体制で運営に入ったのです」

福永「なるほど、最初は大きな数字で要求して、それで駄目なら少ない数字を提示する。予算要求の常道ですが、館長やりますね」

中原「でも、業務委託は図書館界ではとんでもないことで、私は全国の公立図書館関係者の非難の的となりました。しかしですね、図書館はつくれ、されど職員は満足に配置してくれないとなれば、どうしようもないじゃないですか。このような状況からみれば、この業務委託は、将来は必要悪として受け入れなければならないことになるだろうと思います。私はこの業務委託の職員を〝委託司書〟といっています」

福永「委託司書ですか。うちもそういうことになるでしょうね。人件費高騰のおりですから……」

中原「次は、図書館資料の購入の問題です。私は一つ目の図書館の開館時は5万冊で出発しました。図書館ができるまでの読書施設は公民館の図書室のみで、ここに約3万冊の図書がありました。新しい図書館ができるからといって、この図書室の図書をすべて廃棄するのは、もったいないことですから、このなかから図書館の蔵書になりそうなものがあればと思い、選んでみましたら、約半数の1万5000冊ぐらいになりましたので、開館時の蔵書5万冊の中に含めることにしました。結局、新規購入の図書は3万5000冊になりました。

二つ目の図書館でも公民館の図書室の蔵書は、同じ、1万5000冊を選び出しました。もっとも二つ目の図書館では、開館時の蔵書冊数を7万冊としており、その冊数の中に入れたのですが……。それが今いるこの図書館です」

福永「うちの公民館の図書室の蔵書も5万冊ぐらいはありますから、考えないといけないですね」

中原「しかしですね。ここに大きな業務が付加されたのです。それは、新しい図書館での図書の整理は、すべてコンピュータで処理するため、コンピュータに適した分類に切り替える必要があり、書誌データも同様に作成して、入力作業を行いました。

新規購入図書の整理は、それなりの業者と契約して、図書館があらかじめ指定した処理方法で、分類や書誌データを作成してもらい、後は入力だけをすればいいのですが。もちろん図書自体にも、コンピュータ処理用の装備をしてもらいます。

しかし、公民館からの図書の整理は、すべて司書が行うという業務が付加されたのです。この業務処理に4名ほどの司書を割きました。それでも全体的な業務には支障をきたしませんでしたが……。

おたくも、もし公民館の図書を蔵書に加えるならば、最初から業務計画の中に予定しておかれればよいと思います」

福永「なかなか気がつかないところですね。お話を伺ってよかったと思います」

中原「次に新規購入の選定業務です。わが街に初めて図書館ができる喜びは誰でも同じですが、ここで室長として困った問題が起こりました。それは、文庫の世話をしているお母さんたちから『私たちにも選書をさせてください』との申し出があったことです。市民の図書館をつくるのですから、ほんとうはうれしく思いましたが、言いにくいことながら、実のところ、お母さんたちに選書をしていただくと、どうしても偏ってしまうのです。司書たちが選書をする場合は、あくまでも公平な立場から、ある方向に偏ることなく平等に選定する教育を受けているので、利用度を考えながら、業務を行っていきます。ところがお母さん方に選書をお願いすると、どうしても自分の好みが先立ちます。

私は、何と言ってお断りしようか、考えに考えました。そして『市が図書館をつくるにあたって、司書を採用したのは、図書館の業務のすべてを、専門的な見地から考え遂行してもらうためであり、選書業務もその一環として、司書たちに任せていただきたい』と伝え、お断りしました」

福永「なるほど、専門家でなければできない話ですね。それで?」

中原「お母さん方も納得してくださり、私もホッとしました」

福永「いやー、思いもよらないことが起こるのですね」
中原「今だから言えることですが、当時は真剣そのものでしたね。そこで選書の方法ですが、開館までの時間が、どれくらいあるかによって決まると思います。一つ目の図書館をつくった時は、開館までの期間がわずか7か月でしたので、これは参考になりませんが……」
福永「えっ！　7か月で図書館をつくられたのですか？　何でまた……」
中原「それがですね。私が県立図書館におりました時、市の教育委員会から派遣の話があったのが、2月でした。それからバタバタと人事が進んで、4月1日には派遣の発令でしょう。すぐに図書館業務の開発です。開館をその年の11月3日と市長が公表していましたから。さらに図書館にはコンピュータを導入して、業務のすべてをコンピュータで行うというのですから、驚きは大変なものでした。だって、その当時の図書館界で、電算ですべての業務をしているところは一つもなかったからです」
福永「あのう、選書の件ですが……」
中原「そうでした。もう一つの図書館をつくった時、つまりこの図書館ですが、開館まで2年間あり、私の派遣が3年間ですから、残りの1年は運営状態を見るということで、計画の見通しがたちました。

図書館の建物は、住民の声を反映した設計図を基に、すでに管財課の方で建築業者を入札によって決定して建築中でしたから、私たちは図書館業務のいわばソフト面を構築すればよかったのです。それで、開館までの2年間の中で、選書も考えました。まず、図書館で調べものをするのに必要な図書、この世界ではレファレンス・ブックと呼んでいますが、1年目はその種類の図書を中心に選定することにしました。ただ、それだけでは市民が今読みたい図書を見逃してしまうので、そうした一般図書はおもに2年目に選定していきました。

予算は1年目が4000万円で、2年目も4000万円、つまり図書館のスタート時として、合計8000万円です。開館した今年度は、資料購入費4000万円で運営していますね。だけどこの中には、視聴覚資料の購入費も入っておりますから、その割り当ても考えないといけないのです」

福永「CD、ビデオなど、それに……」

中原「新聞や雑誌類は、消耗費で購入します」

福永「いちばん大変だったのは？」

中原「大変だったのは、さっき言いました一つ目の図書館をつくった時の、図書館業務のシステム構築です。ここで、誤解のないように申し上げますが、コンピュータで処理しているところはあったのですが、業務のほんの一部を処理していたにすぎなかったのです。バッチ処理と言って、貸出と返却だけを処理するシステムでした。蔵書などの業務に必要な一切のデータは契約会社が持っていて、図書館では職員が、利用者のカードと借りたい図書のバーコードを読み込むだけです。その後、貸出と返却のデータとを契約会社に提出し、その会社に処理してもらうというシステムだけを導入しているところはありましたが、それもごく一部でした。バッチ処理以外の方法で行っているところもあったかもしれませんが……。

何せ開館まで半年しかないのですから、うちの司書たちが全力を上げて業務分析をし、コンピュータで行いたい業務内容を考え、それを基にして入札で決定した電算会社のSEと何度も話し合い、そしてでき上がったのが、今、稼働しているシステムなんです」

福永「話を聞くだけでも、当時の大変さがわかります」

中原「開館後の話ですが、他の電算会社のSEと思われる方たちが、カウンターに来て、司書にコンピュータ・システムのことを、根掘り葉掘り聞いているのを目撃しました。その後です。各電算会社が図書館のコンピュータ・システムをパッケージにして提供し始めたのは……。

コンピュータ導入の話はこれくらいにして、次にいきましょうか。システム関連については、必要があればその時に、お話ししますよ」

福永「是非お願いしますね」

中原「次は、カウンター、机、椅子などの家具をどうするかです。つまり、店頭で売っている既製品にするか、あるいは設計図を作成して業者に特注し、オリジナルなものにするかですね。うちは職員会議の結果、特注にしました」

福永「でも、時間がないのに……」
中原「そう、ですからもう大変でした。大至急に考えて設計図を作成し、起案して、教育長を経由して市長部局の管材課から市長までの決済ですよ。目の回るような忙しさでした。大体、図書館は教育委員会の教育長の管轄ですが、県と違って、市町村の場合は、市長まで決裁を回すのだそうですね。おたくもそうですか?」
福永「ええ、おおむね市長までの決裁が多いですね」
中原「それで決裁が降りたら直ちに業者の入札、そして決定まで何とか漕ぎ着けました」
福永「その間、他の仕事はいったん停止ですか?」
中原「いえ、他の仕事も手を緩めません。横一線のブルドーザー式でやっていきました。だって時間がね。もちろん家具の納品・検収時も、すべての手を緩めませんでした」
福永「すごいですね。よく職員がついてきましたね」
中原「いや、私は、ただ最初に計画した通りの仕事を職員と一緒にやって行っただけです。皆が主体者意識で取り組んでいましたから、ついて行くとか行かないとかの問題ではなかったようですね」
福永「委託司書の方も?」
中原「もちろんです。同じ図書館準備室の職員ですから、当然です」
福永「そうですか。優秀な職員たちばかりですね」

中原「ええ。その点においては、私は恵まれていました。だから半年で図書館ができたのです。その次に考えたのが、既存図書・新規購入図書をどこに置くかです。だって何万という図書です。市役所の建物の中にも、置き場所はどこにもありません」

福永「どうしました？」

中原「考えあぐねた結果、業者の倉庫を借りることにしました。そこに図書を入れた段ボールを、各分類ごとに区分けして置いたのです。いざ新館に運び込むときには、書架に排架する図書の分類記号を用紙に書いて貼り付け、その分類記号に相当する段ボールをその場所に運びます。そうすることで、開封後すぐに排架することができました。

話が少し戻りますが、先ほど1年目に調べものに必要な図書（レファレンス・ブック）を主体に、2年目は一般図書や視聴覚資料を中心に選定したことをお話ししました。

選定は、司書それぞれの得意とする部門がありますので、事前に本人の性格や趣味についてよく話し合い、部門を割り当てて各部門ごとの図書や視聴覚資料を担当してもらいました。司書の皆さんはよくやってくださいました」

福永「それも初めて聞きました。たいていのところは、みんなで一緒に選定するか、室長が割り当てるかのいずれかですが……。それから、いちばん聞きたかったことがあるんです」

中原「何でしょう？」

福永「これまで聞いてきたところで、図書館準備室の業務の多さと、その内容の濃さと難しさがよくわかりました。これだけの業務をこなしていくのだから、さぞ毎日の仕事は大変だったろうと思います。ほとんど毎日、時間外も仕事を続けられたのでしょう？」
中原「いえ、全然。時間外はしませんでした」
福永「ウソでしょう！　これだけの業務ですよ？」
中原「ウソじゃないですよ。ただ、開館直前になって、司書たちが『2時間ほどでいいですから、残業をさせてくれないか』と言ってきましたので、理由をたずねたところ、『図書の排架業務が少し遅れているので補いたい』と返答がありました。1日、2時間を限度に残業をしてもらいましたが、従事する司書は、1日2名と限定しました。残業0を予定しておりましたので、当初予算に時間外手当は組んでいませんでした。そこで総務課長と交渉して、総務課の予算を回してもらいました。それも1か月間ぐらいでしたよ」
福永「それぐらいでよかったのですか？　それは一つ目の図書館でですか？」
中原「そうです。次の図書館では、まったくの残業0でした」
福永「どのような計画で、そのようになったのですか？」
中原「まず図書館準備室を立ち上げて、司書の数が揃ったところに、私が開館までの業務予定表を作成しました。職員会議を開いてこれを検討してもらい、理解を得ました。その業務の柱が、これまでお話しした内容のものでした。これらの業務すべてを、横一線で押して行くことにしました。つまり、ある仕事が終わってから次の仕事に移るという方法ではなく、同時に行っていくのです。

そして、一度決めた計画は、最後まで変更しないことです。もし、変更したいことが起こった場合には、開館後に調整していくということにしたのです。

この計画を立てる際の基本は、まず2年間で行わなければならないすべての業務量を算出して、これを2年間の月数に割り当て、次に1か月に、そして1週の労働日数と1日の業務量を割り当てて、司書の数で割っていったことにあります。そうしたら司書1名が1日でできる仕事量が出てきますね。私は、こうして算出した計画を、開館まで絶対に変更しませんでした。そのため残業0にできたのです」

福永「ずいぶん綿密に計画されたのですね。そのほかにですね、図書館準備室で仕事をするにあたって基本的な心構えはありませんか？」

中原「あります。それは図書館準備室は、図書館を開館するためにあるのではないということです。開館した後の運営を見越した上で、目の前の仕事をしていかなければなりません。そういう意味で、開館後も、準備室時代の職員全員で構成していくことが望ましいです」

福永「もう時間も大分過ぎました。館長、今日は大変貴重な話を聞くことができました。長い時間を割いてもらって、ほんとうにありがとうございました。

うちも来年には、図書館準備室を開室するだろうと思いますので、参考にさせてもらいます。これで失礼します。近日中にまた、お会いしましょう」
中原「いやぁ、こちらこそ。失礼します」

11 中原、大学の助教授になる

事務室の電話が鳴った。近くで郷土資料の書誌データを入力中だった司書の齋藤が、受話器をとって応対していたが、突然立ち上がり、館長席に向って言った。

「館長！　県の教育長からお電話です」

「ありがとう。……何だろう？　教育長から、直接の電話とは」

中原は、いぶかりながら受話器を取った。

「はい、中原です」

「中原さん、ご苦労さんです。今日は3月25日ですね。異動の内示を伝えます」

「エッ！　教育長が直接ですか？」

「直接では、いけませんか？　重要な内示は、直接しますよ」

「そうですか。それで？」

「6年間の長期派遣、お疲れ様でした。

実は、K市から、半ば強引な派遣の依頼があったのですが、君が固く断りを入れたということで、K市の教育長さんも断念されました。

そこで私からの内示ですが、県立図書館の副館長として、帰ってきてくれませんか」

「お気にかけて下さり、ありがとうございます。K市の件、わがままをいうようですが、お断りしても、いいですか？」と中原。教育長は、

「そう言うと思ったよ。だから、私が直接電話をしたのですよ。ほんとうは、君は今社会教育課付となっているので、社会教育課長から内示をするべきなのですが、君がそう言うだろうと思って……。それに、6年間苦労をかけたのでね。だからこれは〃内内示〃と思ってください。それじゃー、10分後にまた電話するよ。今度は、正式の内示だから、そのつもりで」

教育長からの電話は切れた。

中原は、つい先日、K市のM教育長と会ったことを思い出していた。

「中原さん、どうしても、うちに来てもらえないのですか。K市では、中原さんが来てくれるものと思って、すでに準備室の設置条例を制定して、『室長』という職も規則で設置しておるのです。何とかなりませんか？」

中原は答えた。

「申し訳ありませんが、先ほど申したとおりで、お断りいたします。私は県からの命令を受けて二つの図書館をつくり、派遣されてから6年たっております。お陰様で2館とも優秀な司書たちに恵まれて、素晴らしい図書館をつくることができました。私が抜けた後も、一緒に図書館の準備業務をしてきた係長が、館長補佐から館長に昇格し、今では私の図書館哲学を立派に受け継いでくれて、運営しています。

そこで、私は考えました。市町村が、これから図書館の設置を考えるとすれば、県からの派遣職員に頼ることなく、自前の職員を研修で計画的に養成して開館までの業務を任せ、開館後の業務をも全うしてもらう。これが本当の市町村立の姿ではないでしょうか。そうでなければ、いつまでも独立心が湧かないでしょうね」

「お説はその通りですが……。自前の職員をと言われても、誰をさしておられるのですか？　よかったら教えてください」と、M教育長。

「私の準備室時代の業務について聞きに来られた福永さんがいらっしゃるでしょう」

「福永君が？　そうですか。中原館長が言われるとおり、その線で人事課長と話をしてみましょうか。市町村の独立ね。そのとおりだと思います」

電話が鳴って、中原は、ハッと我に返った。教育長からの内示の電話だ。いよいよ来年の4月には、県に戻ることができるのだ。

「はい、中原です」

「中原さん、正式の内示です。これは教育次長も社会教育課長も承諾済みです。君を生涯学習推進センターの参事にし、調査研究課長兼任で赴任してもらいます。なお、4月1日付で原職復帰の辞令と一緒に配属先の辞令を交付します。以上です。

いやー、6年間お疲れさんでした。生涯学習推進センターは、図書館、美術館や博物館などを含む生涯学習に関わる機関すべてを調査の対象にする部署です。今までは図書館の管理と運営だけを専門にやってきてもらいましたが、今度は、生涯学習という広い立場で見てもらおうという意図が含まれています。なお、この参事という職は、本庁の課長と同格です。それじゃ、4月に本庁で会いましょう」

「教育長、直々の内示をありがとうございました。失礼します」

そして、内示どおり4月1日付で、生涯学習推進センターに着任したのである。

着任早々、ある朝のことである。F市にあるA女子短期大学から電話で、毎週木曜日の2時限目に開講する「図書館概論」を受け持ってくれないかとの依頼があった。非常勤との話だったので、中原は、軽い気持ちでつい引き受けてしまったが、これが後に、大きな問題を引き起こす。

開講は4月10日。もう時間がない。しかしこの件は、一定の手続きを経て、最後は県の人事委員会の許諾を必要とするものである。これは困った。開講日に間に合うかどうか……。中原は、所長室の扉をたたいた。

「所長、ちょっとよろしいですか。実は……」

と、ことの次第を話した。所長は、黙って中原が話す内容を聞いていたが、話し終わると、

「よくわかりました。筆頭参事の中原課長が、毎週木曜日の午前中に不在ということは、場合によっては、業務の遂行に支障が生じるだろうが、そこは私が頑張れば何とかなるでしょう。ただね、本庁の人事課長が何と言うかね……。それはともかく、A短期大学の学長から〈非常勤講師〉の依頼状が送られてくるでしょう。その〈非常勤講師の就任伺い〉を回してください。私は許可します」

「ありがとうございます。よろしくお願いします」

と言って、中原は部屋に帰った。

所長とは、県立図書館時代からの仲である。中原が市に派遣された時の館長であり、火付け役であると言っても過言ではない。中原が生涯学習推進センターに着任した日、同日付で同センターの所長として赴任してきた。その縁もあって、二人とも遠慮のいらない仲でもあった。

ところで、この非常勤講師の件は、所長の承諾は得たが、本庁、つまり教育庁の人事との関係がある。しかし、学長からの依頼状が来てからのことである。

開講はもう真近に迫っていた。考える猶予はない。

中原は机上にある受話器をとって大学の事務局に、依頼状の催促をした。速達で送ったとの返事。彼が受話器を置くのと同時に、庶務課の職員が「課長あてに速達です」と言って、封書を持ってきた。物事は得てしてこういうものである。

早速、起案して課長補佐と係長の印をもらい、持ち回りで関係のある課長と副所長の印ももらった。この間、約30分。猛スピードでととのえた〈非常勤講師の就任伺い〉を、所長のところに持って行った。

「所長、決裁をお願いします」

「もうできたのか！　早いなあ」

と言いながら、所長は「ふむ、これでよかろう」とつぶやきながら印を押し、「早速、教育庁の秘書課に持って行きなさい」と中原の手に渡した。これで所内の決済はとれた。彼は浄書が終わると、直ちにバスに乗り、F市内の教育庁に向かった。秘書課では課長が待っていた。

「先ほど、おたくの所長さんから電話がありました。教育長がお待ちです。教育長室へどうぞ」

中原は、決裁文書を秘書課長に預けると、教育長室の扉をノックした。

「失礼します」

「はい、どうぞ。さっき所長から電話があったよ。A短期大学から非常勤の話があったって？　君も忙しい体だね。しかしその件だがね。結論から言うと、だめだね」

「エッ！　だめですか？　どうしてです？」

中原は、せき込んだように尋ねた。まさかと思っていた結果だから。そして続けた。

「しかし、大学では、私を当てにして、もう時間割も作っていることだし、今さら新しく非常勤講師を探すにしても時間がないですよ。場合によっては、これは社会問題にもなりかねません」

「君ね、自分一人の問題として考えればそうなるだろうが……。県職員全体を対象に考えるとね、そうもいかんのだよ。

現にこれまで、小中高の教員に専門学校や予備校などの講師の依頼があったのだけど、全部断っているのだ。公務に支障が出ることは当然の理由だけど、もう一つは、公立学校の教員を考えた場合、どの学校教育にも公平な教育と平等性が期待されていることから、一つの学校だけに肩入れするような行為は許されないとして、すべてを断っておるのが実情です。

このことは、教育庁の職員にも通じることです。なぜなら教育に従事する点では、教員と同じだと見なすからです。

しかし考えたら、長い歴史の中で、教育庁の職員に大学の非常勤講師の依頼があったのは初めてではないかな。それも私の膝元の幹部職員に来るとはね。これを許せば、私の立場はともかくとして、教員に示しがつかんのじゃないか。そう思わないか？」

言われてみればそのとおりである。中原は困った。もともと誰にも相談せずに決めたのが悪かった。彼は後悔した。

しかし、ことは切羽詰まっていた。今日明日の問題なのだ。そうは言っても、教育長が許可しなければ、事は前に進まない。大学に連絡を入れ、現在の状況を探ってみた。時間割はすでに掲示しており、学生便覧にも印刷済みとのこと。

彼は一大決心をして大学に行き、学長に会った。無謀だとは思ったが、事の次第を話したうえ、「学長、藪から棒のお願いで恐縮ですが、来年度から私を常勤の教員で、採用してくださらないでしょうか？」と頼んでみた。

「ほんとうですか？　ほんとうに来てくれますか。ほかに引く手あまたとは聞いていましたが……」

中原は、驚き、耳を疑った。「ほかに引く手あまた」とは何のことだ。

そう言えば、彼が派遣の任期切れとなるころ、県内の公共図書館司書の間で、「彼はどこの大学に行くのだろうか？」との噂が飛びかっていると、聞いたことがあった。その時、中原は一笑に付したが、その噂が学長の耳にも入っていたのだ。彼は学長に返事をした。

「『引く手あまた』なんて、そんなことはありません。私を採用していただけますか？」

「もちろん喜んで。ただ新規の採用は、教授会の選考になりますから、私の推薦ということで、教授会に諮りましょう。たぶん9月の教授会になると思います。その時期になったら、必要な書類などは人事課の方から連絡しますから、よろしくお願いします」

逆に学長から、お願いされた形になった。

中原は、物事は何事もやってみないとわからないものだと、その時つくづく思った。こんなにうまくことが運ぶとは、思いもよらなかった。

学長より、来年度から常勤の教員として採用する内定だけをもらえたら、教育長に「この度の非常勤講師の話は、一種の就職活動で、来年度からその大学に常勤の教員として採用されるように……」と話すつもりであったのだ。

しかし、その前に所長だ。所長には、教育長との話をすべて伝えると同時に、学長が自分を来年度から常勤の教員として採用すると明言してくれたことを話し、承認を得たいと願い出た。

所長は話を聞いて、「就職活動とは、うまいことを考えましたね。教育長の考えももっともなことだと思います。学長は来年度から本当に採用すると言われたのですね？　とすると、私もちょっと困るな。仕事ができなくなるよ」と言った。

「そんなことはありませんよ。たくさん職員がいるじゃありませんか」

「そうだ！　私もやめよう」

「え！　何で？」

「君は今年何歳になった？　私は来年で、ちょうど共済年金の受給資格がつくんだ。前から迷っていたんだが、そうだな。君と一緒にやめることにしよう」

話はとんでもないところに発展した。結局、所長も中原と一緒に辞めるということで、翌日、所長とともに教育長のところへ行った。

「話はよくわかりました。しかし困りましたね。二人とも辞めるとはね。所長には、これからの生涯学習行政の指揮を執ってもらうつもりでしたが……。特に大学の同期だったから、最も信頼していた仲だったのに。

中原さんには、来年、県立図書館に行ってもらって、電算導入の業務に携わってもらうつもりでしたが……。誰も人材がおらんのでね。困ったな！

それに人事委員会との関係だがね。法的な問題としては、大学から報酬をもらうかどうかにかかっているようだ」

「報酬なんかいらんだろう？　何といっても就職活動だからね。君、そうだろう？」と所長。

「もちろんです。報酬はいりません」

「わかりました。中原さんには、非常勤講師の時間帯は、日常業務の一環として、大学で生涯学習の事務を執るという形で、許可をしましょう。所長それでいいでしょう？」

「わかりました。その線でよろしくお願いします。私の件も承認ということでよろしく」

「じゃー、手続きは、二人とも定年前の辞職で、特例があるだろうから、その時期が来た時にしてください」

中原は、翌日、大学に行って教育長の承認が下りたことを伝えた。同時に、今年度の報酬はいらないと言ったら、大学の人事は不思議な顔をしていた。

ほどなくして、教育長名で「非常勤講師を承認する」という通知が届いた。大学からは、学長名で「非常勤講師を委嘱する」旨の辞令が郵送されてきた。

中原は、現職中に大学などの非常勤講師になることの難しさが、身にしみた。

そして翌年の3月、思い出がつまった県教育庁を辞職した。4月、A短期大学の助教授（情報図書館学）に就任。新しい道を歩き出した。

12 図書館業務の法的根拠

中原は、講演を終えた壇上で、ホッとした気持ちで深く息を吸い込んで吐き出した。今日は、F県公共図書館等協議会の主催で、県内の公民館と公共図書館に勤める司書職員に対しての研修会が開催され、それに中原が講師で招かれたのである。

講演は午後1時から始まって約2時間とちょっと、そして今終わった。

演題は「貸出を中心とした図書館サービスの変遷について」である。

中原は、図書館が無料で図書館資料を利用者に貸し出すことができるのはなぜか、また、著作者との関係は？　などを織り交ぜながら、第二次世界大戦終結直後まで図書館サービスの中心であった「閲覧主義」から「貸出主義」への変遷、そして現在の図書館サービスの変化とこれからの望ましい姿、などについて、事例を挙げながら、彼独特の話術で面白おかしく、しかし真剣に話したつもりである。しかし、彼の頭の中は、あれもこれも話したかったと反省しきりであった。

「先生ありがとうございました。残りの時間はすべて質問にあてます。質問のある方は、挙手をお願いします」

と言う司会者の声で、ハッと自分に返った。

最初は遠慮があるのか、約250名位の出席者のなかで、パラパラと3名の手が挙がっていた。

「ハイ、それではあなた、どうぞ！　所属とお名前からお願いします」

「K町立図書館の宇野と申します。

先生の今日のお話は、図書館の歴史の中でも貸出に関する歴史であり、こう言っては失礼かとも思いますが、非常に面白かったです。ありがとうございました。

ところで、私が思うには、図書館、特に公共図書館にあっては、その歴史も大事なことと思いますが、一般大衆に公開された図書館ということで、住民にとっては、読書あるいは勉強や調査研究の資料を無料で利用できる、非常に恵まれた施設であると思っております。

このように住民にとって恵まれた施設の一つである公共図書館、厳密にいえば図書館法では、公立図書館と私立図書館といわれておりますが、これらの図書館が存立するに依って立つ法的な根拠が私にはわかりません。この件について、先生にご回答をいただければありがたいと思います。どうぞよろしくお願いします」

「ありがとうございました。先生、この件について、今日の演題からは大きく外れてはいますが、よろしければご回答をお願いします」

「今、宇野さんのご質問にもありましたように、公立図書館と私立図書館、これらを併せて俗に公共図書館といっておりますが、これらの図書館の基礎というか基本を示している法律は、ご指摘のように『図書館法』ですね。1950年に制定されて以来、幾度かの改正がありましたが、基本は変わっておりません。

しかし、法律というのは、突然ポッカリと出てくるものではありません。必ずその法律を包み込むような法律が、その上にあるものなのです。これを親法律ともいっておりますがね。

それでは『図書館法』を包み込む親法律は何かといいますと、皆さんご存知の『社会教育法』ですね。この法律の第9条で、図書館と博物館とは、社会教育のための機関だと定めております。

すると、学習センターやスポーツセンターなど、一般大衆に開かれている施設はたくさんありますが、それらは社会教育機関ではないのかという疑問が出てきますね。そうじゃないのです。機関というのは、個人やある団体などが、それぞれの目的を達成するために、その手段として設ける組織のことです。

社会教育法は、社会教育の目的を達成するための、一つの手段としての機関を図書館と博物館に指定したのです。一方で、社会教育に必要な施設の設置を国や地方公共団体の任務として義務付けている同法の第3条と併せて考えると、機関と施設の使い分けがわかるだろうと思います。

とにかく、社会教育機関としての図書館と博物館の組織運営については複雑なことが多いので、社会教育法で制定するのは難しく、だから別に法律をつくって、その中で組織や運営のことを定めるとしているのです。この法律の条文に基づいて『図書館法』が制定されたのです。ですから『図書館法』はその冒頭で（社会教育法の精神に基づき）と定めて、親法としての『社会教育法』との繋がりを明らかにしているのです。

さらに考えますと、『社会教育法』はその親法として、ご承知のとおり、『教育基本法』と繋がっています。それは『社会教育法』の冒頭に『教育基本法の精神に則り』と定めているので、明らかですね。

『教育基本法』は、昭和24年に制定されて、平成20年までに何度か改正されてきましたが、同年をもって大きく改正され、第3条に（生涯学習の理念）の条項が加わり、生涯学習の法的な根拠が明らかになりました。

さらに同法は、社会教育についても第12条で明記しました。それによると国や地方公共団体は図書館、博物館、公民館などを含む社会教育施設の設置や、学校施設の利用などによって、社会教育の振興に努めなければならないとして、社会教育のひいては図書館の根拠規定が明らかにされております。

そして、この『教育基本法』の親法が、『日本国憲法』です。『日本国憲法』は、最高法規なので、すべての法律や条例などは、この憲法を根拠としており、違反したものであってはなりません。『教育基本法』でもその冒頭の前文に、『日本国憲法の精神にのっとり我が国の未来を切り拓く教育の基本を確立し、その振興を図るためこの法律を制定する』と明記しております。

では、図書館などを含む社会教育施設は、『憲法』のどこに規定されているのでしょう？『憲法』の条文に、個別的な規定はありません。どちらかと言いますと、理念的な規定でしょうね。したがって、その精神を読み取らなければならないでしょう。そう考えてみますと、まず幸福追求権を定めています第13条、国民の文化的な生活権を定めている第25条などが考えられるでしょうか？人によっては違った考え方もあるでしょうが、私はこう考えます。

さて、質問をされた宇野さんの質問に対する回答は、もうおわかりでしょう。私は下部の法律から、上部の法律へと段階的な考えをお話してきました。普通はまず『憲法』の規定から『教育基本法』『社会教育法』と考えていき、そして最後に『図書館法』の説明へと移っていくことが多いと思いますが、それではなかなかわかりづらいものです。

少し長くなりましたが、宇野さんいかがだったでしょうか？」

「先生、詳しくご回答をいただき、ありがとうございました」

「次に質問のある方、挙手をお願いします」

会場からたくさんの手が挙がった。司会者が困ってしまうほどである。

「それでは、この列のいちばん最後の緑のシャツを着た方、あなたです。お願いします」

「N市立図書館の桑原と申します。

近頃、雑誌や新聞によると、図書や雑誌の売れ行きが悪くなり、書店などが倒産したり商売替えをしていることを、よく耳にします。この現象は出版界にも及び、視野を広くもてばわが国の文化の退廃にもつながるのじゃないかと、報じられていますよね。

そしてその元凶は、公共図書館が大量の図書などを購入して、無料で貸出をすることにあるのだとも。特にベストセラーと称される図書を公共図書館が大量に購入して無料で貸し出している。だから書店で買う人が少なくなり、ひいては著作者の利益を圧迫して死活問題となるのではないかという話もよく聞かれます。

私は、このような記事や話に接しますと、わが国の文化や文芸の退廃の責任は、すべて公共図書館にあると聞こえて、無性に腹立たしく思いますが、先生はどうお考えになりますか？」

「この質問は、評論的な面が強いと感じられますね。回答というよりも、よろしかったら先生ご自身のお考えをお話し願えますか？」

「司会者の方が、非常に気を遣われているように、この問題は確かに評論的な側面を含んでいると思います。だからといって、図書館人として黙っている問題でもありませんね。十人十色、いろいろな意見があると思いますが、私は自分の意見として申し上げますことを、ご了承ください。

桑原さんがご指摘のように、１９９０年代の後半より、確かに著作者や出版社、書店などの出版に携わる側から、公共図書館が無料で貸出サービスを行うものだから、売り上げが減少して経済的な損失が大きいとの声が聞こえてきます。理由は、公共図書館が大量の複本を購入して無料で貸し出す、言わば無料貸本屋の役割を果たしていることにあるというのです。その結果が、著作者の印税収入を減少させて、経済的な損失を与えているというのです。

それでですね。この解決策として、著作者などを含む団体から、図書館側に次のようなことが提案されたようです。

一つは、新刊図書を一定期間、貸し出しせず、館内閲覧だけにとどめたらどうかということです。これは難しいですよね。一定期間の起点をどこに置くかです。つまり、新刊図書を購入した時点を基準にするのか、発行された年月日を基準にするかによって、その本の取り扱いが違ってくるからです。

もう一つは、同じ本の所蔵冊数の上限を決めて、それ以上は所蔵しなければよいということです。これもおかしな話ですよね。大体、公共図書館の図書資料の管理運営は、その図書館の館長が決めることであって、よその団体などが口出しする問題ではないのです。

いずれも実現不可能なことだと思います。また、これらの提案と同時に公共貸与権、つまり公貸権の話も出てきたのです。

だいたい、公貸権とは、権といっておりますが、権利として行使されるものではなくて、図書館の蔵書冊数や、所蔵する図書の貸出回数に応じて、その図書などの著作者に金銭を公的に給付する制度をいうのです。

ですから、この制度は著作者などの経済的な損失を補うようなものではなく、国の文化や文芸の発展を図るために設けられた制度なのです。このあたりが少し違うようですね。

しかし、この制度を導入しますと、蔵書冊数を制限するために、資料購入費の減額が図られたり、図書の貸出回数を制限するために、貸出サービスの抑制が行われたりして、知る権利の機会が損なわれたりするかもしれません。

だからといって、無料貸本屋との評価をもらうような公共図書館の在り方については、図書館側にも反省の余地があるでしょうね。ベストセラーといわれるような図書に関しては、図書館の利用者サービスの一環として多くの複本を購入して貸し出すことは、制約された図書購入費の中からの支出を圧迫し、他の読みたい本が買えなくなるという矛盾を生じさせ、かえって利用者に迷惑をかける結果になってしまうと思うのです。

どうすればよいと思われますか？　これはご高名な先生方のご本に書かれているような解決方法には従う必要はなく、それぞれの図書館の現場で考えて、利用度合いに応じた、さらには図書の購入予算に応じた解決方法を考えるのが、いちばん妥当な方法だと私は考えます。なぜなら、市町村立の図書館は、その地域住民の図書館でありますから、住民の声に応じたサービスを展開すべきだと考えるからです。

それを、全国の平均的な図書館サービスとして展開しようとするところに、無料貸本屋の声が上がる原因があるのではないでしょうか？

要するに、市町村の図書館は、そこの住民のための図書館であるということを忘れずに、図書館サービスを展開していくこと、これが基本だと思いますが、いかがでしょうか？　それを第三者が『ああしろ！　こうしろ！』と言うのは、土台、無責任で僭越なことだとも思うのです。それらは参考程度に収めておくほうがいいと思いますが……」

「ありがとうございました。たいへんわかりやすいお話だったと思います。

もうだいぶ時間が押し迫ってまいりました。それではもうお一方の質問をお受けしまして、閉会したいと思います。質問のある方、挙手をお願いします。今度は、前列の窓際の方、あなたです。お願いします」

「D市立図書館の木村と申します。

私たち司書は、毎日のルーティンワークとして、カウンターで利用者が必要とする図書館資料の貸出業務を行っています。しかし、考えてみますと私たちは、単に毎日の仕事の流れとして、この業務をしているだけで、何の法律に従って許されているのか？　いわゆる法的な根拠がわかりません。

　おそらく、複雑な法律が重なり合って、貸出の行為が成り立っているものと思われますが、この際この点を、お教え願いたいと思います」

「中原先生、かなり難しい質問のようですが、ご回答をよろしいですか？」

「はい、木村さんといわれましたか？　よい質問だと思います。私たち図書館人は、どうかしますと毎日の仕事に追われて、習慣として流されておりますね。ときどき立ち止まって、基本について考え直すことも大事なことです。

　私たちが、カウンターで図書館資料を貸し出している業務は、民法第５９３条で定められている『使用貸借契約』と称される法律上の行為だということは、ご承知のことと思います。

　木村さんのご質問は、この点も含んでのことでしょうが、本日は民法上の法律論ではなくて、別の面からのお話をいたしましょう。

　ご承知のように、公共図書館の管理および運営を直接規定している、いわゆる専門的法律は『図書館法』ですね。そしてこの法律の第３条には、いろいろな分野の図書館資料を収集して、一般公衆に供するようにと定めており、図書館サービスの基本となる閲覧や貸出によるサービスを暗示しておるようです。

　そしてこの基本的なサービスのほとんどが、著作権のある著作物を媒体として行われておりますから、当然、権利関係が関わってきます。したがって本日は、著作権法との関連でお話しをしていきたいと思います。

著作権は、著作物であればすべてにある権利ではありません。著作物の中でも、特に著作者の思想や感情を創作的に表現したものが対象になっております（著作権法第2条1項1号）。しかしその範囲は、文芸、学術、美術や音楽に属するものに限られておりますから、新聞などの事実関係を記述したもの、例えばニュースの報道や事件だけを報じる記事などには、権利はないのですね。さらにですね。その著作物が著作権法の保護を受けるのは、日本国民の著作物であって、日本国内で初めて発行されたものとなっています。しかし『ベルヌ条約』や『万国著作権条約』上での著作物は、外国人の物でも日本国民の物と同じ扱いになるとされています（同法第16条）。

何だか難しい話になってしまいそうですが、法律が絡むと、いつもこうなってしまうのですよ。ついでに話しますと、著作物の保護期間は、創作の時から始って、一般的に著作者の死後50年間は存続するとされています（同法第51条）。

以上のことを前提にして、著作権法上の館外貸出の根拠を考えてみましょう。

私たちが毎日、カウンターで行っております、いわゆる図書館資料の館外への貸出は、著作権法では、『貸与』という一つの形態なのですね。実は、この『貸与』という言葉は、最初は著作権法に規定がなかったのです。それが１９８４年、日本の年号では昭和59年ですか、著作権法が改正されまして、この貸与条項が規定されたのです（同法第26条の3）。この規定により、著作者は自分が書いた著作物を貸与することによって、公衆に対してその著作物を提供する権利を『専有』することができると明記されたのです。つまり著者だけが、自分の書いた本を公衆に貸し出しする権利を持つということですね。これを貸与権の専有というのです。

ではどうしてこのような貸与権が、著作権法を改正してまで規定されたのかといいますと、ちょうどこの頃、昭和50年代の後半になったころですが、レコードを貸し出すレンタル店がはやり始めて、レコードの売り上げ高が減ったのです。レコードを有料で貸し出すことは明らかに著作者の権利を侵害した行為で、著作者の正当な利益を侵害しているという認識が高まり、著作権法の改正となったのです。

ですから、第三者が、他人の著作物を複製した図書、絵画、写真、ＣＤなどを公衆に貸し出すときは、著作者の許諾を得なければならないことになったのです。また、著作権料を請求することができる根拠ともなったのです。

この規定によって、公共図書館なかでも公立図書館、つまり都道府県立と市町村立の図書館が、第三者すなわち利用者に、著作物である図書館資料を貸し出すときも、当然、著作者の許諾を得なければならないのですが、実際には許諾を得ていませんよね。どうしてでしょう？　それは著作権法の第38条4項によって、すでに公表されている著作物であれば、著作物の複製物を貸与するにあたって、営利目的でなければ、つまり料金を受けなければ、その複製物を公衆に対して貸与し提供することができるとの規定があり、これにしたがっているからです。

公立図書館は、皆さんご承知のように、図書館法によって図書館資料の利用に対する料金を受けてはならないことになっていますね。しかも、営利を目的としていません。ですからこの規定が適用されるのです。ここに根拠があるのです。しかし、この場合、映画の著作物の複製物が除かれていることに注意してください。

映画などの視聴覚資料、DVDやビデオテープなどですね。これらの資料を館外に貸し出す場合は、著作権法の第38条5項の規定が適用されます。それによりますと、営利を目的とせず、視聴覚資料を公衆のために利用する目的で設置した施設や、他に政令で定めた施設では、すでに公にされている著作物の複製物を無償で貸与することができるとされています。この政令で定めた施設には、図書館が定められているのでしょうか？　これが問題ですね。

ここで言う政令とは、『著作権法施行令』のことで、その『第2条の2』の2号で、『図書館法第2条1項の図書館』と定めておりますので、図書館法に基づく図書館であれば、大丈夫ですね。しかし、図書館法にはその第2条で、『学校図書館や図書室は除く』とありますので、視聴覚資料の貸出はできないことになります。また、公民館の図書室も、社会教育法に基づくものでありますから、同じように貸出はできないことになりますね。

それなら、大学の付属図書館や専門学校の図書館はどうでしょう？　これも学校教育法に基づくものですから、対象外になりますね。

ここで、再度注意しておかなければならないのは、これら視聴覚資料を貸し出すことができる図書館であっても、実際に貸し出す場合は、著作権法第26条及び第26条の3の規定による頒布権や貸与権の権利を持つ者に、それ相当の補償金を支払わなければなりません。つまり、当該資料を購入するときに、相当の補償金を権利者に支払っておかなければ、貸し出すことができないのです。

それでは、実務的にはどうしているのでしょうか。

私が、県立図書館や市町立の図書館におりましたときは、大体、図書館資料購入契約を締結している書店から補償金込みの価格で購入していましたが、そのほかに日本図書館協会と視聴覚資料購入契約をして、やはり補償金込みの価格で購入していました。

現在はどうなっているのでしょうか。

まず日本図書館協会に電話で聞いてみました。ところが同協会では現在、以前のように各図書館との契約はしていないそうで、各図書館はそれぞれの立場で視聴覚資料の購入契約を書店などと締結して、補償金込みで購入しているそうです。

もっとも、今日では指定管理者制度を導入している県・市町村立図書館も多数ありますから、各館の事情も異なっていることでしょうね。

次に、視聴覚資料を館内で上映している場合の法的根拠は、どうでしょうか。それは、著作権法の第38条1項が根拠になります。そこには、すでに公表されている著作物は、営利を目とせず、聴衆や観衆から料金を受けない場合は、上映などをすることができるとあります。ですから、図書館は、この規定によって、館内で自由に映画を上映することができるのですね。また、この規定があるから、聴衆や観衆から料金を受け取らない限り、館内で曜日を決めてＤＶＤ映画を上映したり、ＣＤ音楽鑑賞会を合法的に催したりすることができるのです。

ただしこの場合、ＤＶＤやＣＤなどは、もともと個人の観賞用ですから、これらを不特定多数の人達が観るために上映などをすることは、目的外の使用となるという考え方があることを参考のために申し上げておきます。この考え方は、今日、一般化されつつあり、もし解釈論として通説となれば、映画や音楽の鑑賞会は、中止せざるを得ない運命となるでしょう。

これまで長々と、著作権法上での図書館活動の一端である貸出や閲覧について、できるだけやさしくお話ししたつもりですが、皆さんご理解いただけましたでしょうか？　法律が中心となり、どうしても難しくなりましたことを、お許しください」

「先生、難しい問題をやさしく話していただき、本当にありがとうございました。本日、ご参加の皆さん、お疲れ様でした。これをもちまして、本日の司書研修会を終わらせていただきます。お気をつけてお帰りください」

13 関係業者との契約問題

　中原は今、K町立図書館の設立準備に当たっている。彼は、大学の助教授の職にあったが、ある日ある時、付属図書館で講義資料に関する調べ物をしていると、紺色の背広を着た紳士が3人、図書館にやってきて、カウンターにいる司書に、彼の所在を確認してやってきたのである。

「中原先生は、いらっしゃいますか？」

　中原と聞いて、彼は全身を耳にした。どんな人たちだろう。

「はい、あの隅のところに」

　中原は立ち上がった。例の3人は彼に向かって目礼をした。

「中原は私ですが。何か？」

　3人は、近づいてきて、それぞれが名刺を出して、こう言った。

「中原先生ですか？　私たちは、K町役場の、こちらが教育長で、私は企画課長、こちらが企画課の係長です」

「はあ、中原です」

何の用件か、いぶかりながら挨拶を交わした。

用件を聞いて、中原は驚いた。K町に図書館をつくる計画があるので、その業務をしてもらうために、K町の職員として来てくれとの話。とんでもないと中原は思った。何を言っているんだと。

「私には、学生がおります。お断りします」

教育長と呼ばれた人が頭をさげた。

「そこを何とか。中原先生しか人がいないんです。来ていただけなければ、私たちはもとより、K町の人々が困るんです。何とか……」


「先生、学長がお呼びです」

と、司書の声がした。

「何だろう！　すぐ行きます。ありがとう」

中原は、学長室のドアをノックした。

「中原先生。実はK町の教育長が今しがた見えられて、K町に図書館を計画しているから、先生にぜひ来ていただきたいとのお話がありました。先生は断られたそうですが、先方は、どうしてもとたっての願いを受けました。ところで先生、どうでしょうか、これは私からのお願いですが、本学を3年間休職するとして、K町の図書館づくりに行ってくださらんでしょうか?」

中原は驚いた。さっき、その件は断ったはずなのに……。学長のところまで押しかけるなんて、実にイヤな気分になった。いかにも役人の考えだ。本人から断られたので、上司を口説き、上から言わせるとは。無性に腹が立ってきた。「実にけしからん!」


中原は、自分の研究室のドアを開け中に入った。

大学は後期の講義に入っていた。彼は多くの学生を抱えていた。今期はどうにかなるとして、来期からの講義はどうなるのか。3年間も留守にする暇なんて、彼にはなかった。

それにしてもK町の連中は、教員の仕事を何と思っているのか。生きた人間を教育する身であれば、その任務は他に変えられないものがある。それを知ってか知らぬか、おめおめと学長までをも動かして、自分を採ろうとするのは。

学長には、一応保留ということにしたが、直々の話を断る訳にはいかないと、彼は思った。特に私立大学においてはである。

中原は考えた。いったいどうして自分だけが、図書館づくりといえば、すぐ駆り出されるんだろうかと。いかにこれまで、いくつかの図書館を創立したり運営したりしてきたからといっても、今は落ち着いた環境の中で、学生とともに学び舎にいるのだ。K町のためとはいえ、縁もゆかりもない町に行くのは、やはりためらいがある。

しかし、と彼は考えた。本当に縁もゆかりもないんだろうか？　K町の人達が図書館の建設を願い、そのために自分の経験と手腕を必要としているのなら、それをむげに断って良いものだろうか。学生の教育も大切だろうが、図書館を待ち望んでいるK町の人々の気持ちも大切ではないだろうか？　図書館は文化の宝であり、そこは多数の人々の学び舎ではないのか。

中原は、さらに考えた。学長は3年間の休職期間を与えると言ってくれたが、図書館の創設は二足の草鞋をはいてはできないものである。図書館の設立準備は、そんな甘いものではない。自分の全身全霊をもって打ち込んでこそ、住民が満足する図書館ができることを、彼の経験が語っていた。

中原は決断した。K町の申し出をありがたくお受けしようと。ただし、着任は来年の4月からと。それまでは学生とともに、思う存分勉強しようと。

中原は、二足の草鞋をはかないことも決断した。K町に着任するからには、大学の助教授の職を辞して、町役場の職員に徹しようと考えた。たとえ役場での身分が嘱託職員であろうとも。それが町民に対する礼儀だと、彼は考えた。

翌日、中原は学長室をへ行き、学長の申し出をお受けするとともに、3月一杯で助教授の職を辞することを申し出た。学長は「それは困った」と言って、一時保留とされた。後任がなく、非常勤での話が持ち上がっていた。

結局、中原は、4月1日、K町に嘱託職員で着任した。西日本一円をエリアにもつN新聞が、役場の職員が大学の教員になる話ならわかるが、大学の助教授から町役場の嘱託職員になるなんて聞いたことがないので、ニュースにしたいと言ってきたが、彼は断った。

着任して驚いた。図書館準備室ができる前に、図書を購入する業者を、企画課が決めていたのである。しかも、購入図書の書誌事項を電算用に入力するMARC（機械可読目録）の作成と図書の装備まで、すべて大阪に本社があるA社と契約することに決めていた。

中原は、手数が省けたと思ったが、図書館にはまったくの素人だという企画課にしてはでき過ぎではないかと、いぶかった。

着任して数か月すると、東京に本社をおくB社の営業部長が二人の職員とともにやってきた。

営業部長は、中原にこう言った。

「中原さん、うちを使ってよ」

中原は、図書館を数館創設・運営しているので、B社の営業部長とは顔なじみであった。同じく大阪に本社をおく、A社の営業部長とも顔なじみである。

「うちは、私が着任する前に、A社に決めていますよ。もう行政決定通知書もお送りしていますのでね」

と、中原。B社の部長は、

「そこを何とかうちに変更してくれんでしょうか」

「だめですよ。もうすでに行政決定通知書も送付しているんですから」

と、中原。

「いつ、どうやって決まったのですか？」

と、部長。

「そこのところは、皆目私にはわからないのです。私が着任する前に、すでに決まっていたのですから」

と、中原。部長はさらに続けた。

「もし、B社を使っていただいたら、中原さん、あなたの著作を出版しても良いですよ」

何を言っているのだと、中原は腹が立ってきた。自分を買収しようとしているな。どだい、図書館人は、自分の原稿を出版する気持ちが旺盛である。言うならば目立ちたがりやが多い。あいにく中原には、そんな望みはみじんもない。

「そんなのいいですよ。ただ、もうすでにA社に決まっているのですからだめです」

部長は何を思っているのか、

「なあに、今にひっくり返してやるから。見ていてください」

捨てぜりふを残して、去っていった。

ある日、珍しく企画課長と係長が、二階にある図書館準備室にやってきた。

「中原さん、お願いがあります」

と、課長。

「実は、図書の購入先をA社からB社に変更したいと思っています。今になって申し訳ないが……」

中原は、課長が何を言っているのか、理解しかねた。たしか図書の購入先をA社からB社に変更すると言ったな。何を言い出すのだ。もうすでに自分たちの手でA社に決定したんじゃないのか。それに行政決定通知書も送っているじゃないか。行政が一度決定したからには、これを覆すには、それ相当の理由がなければならない。正当な理由がなくて、行政決定は変更できない。もし、これを強行するならば、行政決定変更の取り消しの訴えを起こされ、行政訴訟になることを、この課長は知っているのだろうか。係長あなたは、どうですか。行政マンだったら常識ですよ、と言いたい。

「それで?」

中原は、先を急いだ。これだけじゃないだろう。二人揃って来たのだから。その前に言っておきたいことがあった。

「課長、何かA社に不都合でもあったのですか？　A社からB社にくら替えするというならば、それはそれなりに正当な理由がなければならないと思いますよ。課長はすでに、A社に対して、決定通知書を町長名で出されており、私たちも司書全員で、A社発行の新刊ニュースを中心に、新刊図書の選定に当たっておる状況ですよ。それを今さらB社に変更するなんて、実務上不可能ですよ。それに、決定通知書は行政決定通知であって、A社がK町に何か大きな行政上の不利益をもたらしたという事実でもあるのですか？　その証拠はあるのですか？」

課長と係長は、お互いに顔を見合わせた。課長が言った。

「そんなことは何もないですよ。だけど中原さん、このことは私たちだけの間に起こったのではなくて、上の方から言って来たんです」

「上の方からって、それは町長からですか？」

と、中原は突っ込んだ。もしそうなら、これは由々しき問題だ。いやしくも町長が決定したことを、町長が取り消しの決定を出す。こんなことは、長い公務員生活を送って来た中原にとって、絶対にあり得ないことなのだ。

「いいや、それ以上からです。困っています」

係長が顔をしかめて、どうしようもないという態度を示した。中原は、これには驚いた。何が働いているのだ。「それ以上」って、町の行政のトップは、首長である町長ではないのか。「それ以上」とは、行政をチェックし条例制定権をもつ議会のことなのか？　そういえば、B社の営業部長が帰り際に言った言葉を思い出した。

確か「なあに、今にひっくり返してやるから」と。

まさか、B社が何らかの形で、K町の議員に働きかけたのかな。もし、そうだとしたら……、きな臭いものを中原は感じた。そこには何かが動いている。こんなF県の一角のK町で、そんな大それたことが起こるものだろうか。しかし、これは中原の憶測に過ぎない。何の証拠もないのだから。課長も係長も、もうこれ以上のことは、話したくないようだった。

考えれば、中原は役場に勤めているとはいえ、正規ではない。まさか二人が、このことだけを話に来たのではあるまい。何かあるはずだ。

中原は、これまで多くの図書館を創設・運営して来たが、こんな話は初めてだ。図書館を創設して来た過程では、A社ともB社とも付き合いがあり、部長以上の方々にも知り合いが多い。だからこそ両者とも、そんな姑息な手段を取るはずはないと信じたい。だったら、それ以外の……。もうやめておこうと、中原は思った。それよりも用件を聞きたい。

「それで、私にどうしろというんですか？」

中原は単刀直入に聞いた。そしてこのことを、A社に申し出たのかどうかを聞いた。課長は、何か言いにくそうにしていたが、思い切ったように、口を開いた。

「一応電話でですね、用件だけを話しました」

「A社の返事はどうでしたか？」

中原は、畳みかけるように聞いた。

K町から行政処分の取り消しの意志を表示したのだ。A社の取るべき手段は、ただ一つ、K町の行政処分取り消しの撤回を求めて行政訴訟を起こすことである。中原は、せっかく町民が喜んで利用できる図書館を創設しようと、司書ともども毎日努力しているのに、「なんだ、このざまは！」と腹が立ってきた。しかし、彼はまだ肝心なことを聞いていない。

「A社が言うには、『いきなりなんですか？　そんなことは聞き入れません。だってできない相談でしょう。いったいおたくの組織はどうなっているんですか。そんなことは受け入れられません』の一点張りでした」と課長。

「つまり、契約解除の申し入れを拒否されたんですね」と、中原。

「そうです」

課長は肯定した。

中原は言った。

「相手に何の落ち度もないのに、いきなり解除の申し出とくれば、そりゃA社も怒りますよ」

課長は続けた。

「それから2、3日した昨日、また電話したんです」

「そしたら！」と中原。

「そしたらですね。A社は、『絶対に受け入れない。弊社としては、やりたくないんだが行政処分取り消しの撤回の訴訟を計画しており、弁護士と手続きを準備中です』と言うんです。困りました」

「これは、裁判になると負けますよ。それに裏で何が動いているのかわかりませんが、それもすべて表に出ますよ。いったい、どうしてこんな事態になったのですか？」と中原。

課長は口をつぐんだ。

「これでは、図書館準備のなかでも重要な図書の購入が滞ってしまう」と、ついに選書の中心的な役割を担っている司書の靖子が、悲鳴をあげた。これではいけない。何はともあれ、こちらは図書館をつくらなきゃならないのだから。靖子の悲鳴も当然のことである。こんなことで無駄にできない。


「中原さん、急な話だけど、大阪に行ってくれませんか」

企画課長が、いきなり2階の中原の席にやってきた。

「いったい何しにですか？」

中原は、大体察しがついている。

「言いにくいのですが、中原さんは、A社の営業部長と知り合いだと聞いていいます。そうですか？」

「ええ、まあ。知り合いといっても、仕事のうえでのことですが。それが何か？」

「実は、町長が何としてもB社に変えろ！　と言っているんです。A社の方は、先日、話したとおり、『強引に進めるならば、こちらも訴訟をもって対抗する』と言っています。訴訟なんかになったら困るので、なんとか円満に解決できないかと考えているんですが。そこで考えついたのが、図書館界に顔の広い中原先生にお願いして、A社の社長さんにご面会の上、こちらの意向を話していただき、ご了承を得られたらなぁと思ったのです。いかがですか？」

企画課長が、これまで中原さんと言っていたのが、「先生」と言い換えてきたのがおかしかった。それよりも、役場がいったん決めたことに対する、取り消しの役目を、自分に持ち込んで来たことに、怒りが込み上げてきた。

それに、嘱託職員という身分の自分がやるべき仕事かどうか、疑問があった。自分たち役場の中枢が決めた行政処分の決定取り消しを、嘱託である自分が話をつけに行くなんて、そんな重要な行政上の行為は、当然、幹部職員が行くのが筋ではないのかと。仮に自分が行くとしても、何でこうなったのかという事態の経緯を知らない者が行ったって、何をどう話したらよいかもわからないじゃないかと。

「いったい、何があったのですか？　どうしてこうなったのですか？　何にも知らない自分が行っても、どうしようもないじゃありませんか」

中原は、怒りを極力押さえて、課長に尋ねた。

企画課長は、困り切った顔をして黙っていた。

中原は、なお一層怒りが込み上げてきた。長い県庁生活を経験してきた彼にとっては、こんな理不尽な話は初めてであった。

「理由がわからないことを、私は行いたくありません。一人で行くのですか？　誰か責任のある職員も一緒に行くのですか？」

と、中原。

「いいえ。先生お一人です」

と、課長。

「先生はやめてください。今までどおりで良いですから。しかし、それはおかしいですね。嘱託の私が一人で行ったって、行政上の責任はとれないでしょう。どなたか責任を取るべき職員と一緒でなければ、相手に対して失礼じゃありませんか」

行政的事業を依頼したり、結果の回答を求める場合は、交渉の相手は同格の職にあることが常識であり、文書の宛て名も発信者と同格の職にあるものでなければならない。それがエチケットと言うものである。

それがどうだ。A社の社長か部長にあって話をしようとするのに、この役場は、嘱託職員をもって、交渉させようとしている。こんな非常識があってよいのだろうか。こんなことは、役所ばかりか民間の会社でも許されることではない。こんなことは、絶対に受けるものではないと考えた。

「課長、先ほどの理由をまだ伺っておりませんが……」

「……」

課長の返事はない。言いたくないのか……。言いたくなければ勘ぐってしまう。この一件は、町長よりも上からの話だと聞いた。これ以上詮索することはやめにしよう。

この際、何も知らない自分が一人で行ったほうが良いかもしれない。なまじ職員がついてこないほうが、うまくいくんじゃないか。自分も縁あって、この町の図書館づくりにやって来たからには、できるだけのことをやってみようと、中原は腹を決めた。

企画課長の要請どおり、自分がこの役目を背負ってA社の幹部に会い、「使い」を果たすことは、行政事業の難題中の難題を解決しに行くものだ。一つ間違ったら、社会問題に発展するだろう。この段階で、新聞社などのマスコミが知ったなら、大きなスクープとして扱われる事例だ。しかも、今日の生涯学習社会の中枢機関である図書館の建設問題がからんでいるともなれば、なお、一層のことである。その使者が自分となれば、中原は、おのれの人の良さに辟易した。

「さて、どうするか。受けるべきか、断るべきか?」中原は迷った。

中原は、図書館準備室の司書たちに相談することにした。答えは簡単に出た。

「企画課のやり方はおかしいと思う。嘱託の職員を一人で行かせることは。だけど、私たちは、図書館をつくらなければならない命題を背負っている。今は、図書資料を購入できるかどうか、第一に考えないといけないんじゃないかな。すると、この問題を早く解決することが先決だと、私は思う」

司書の靖子の言葉が中原を動かした。

中原の心は、この靖子の意見で決まった。

「そうだね。行くべきだね」と。

3日後、中原は、新幹線の中にいた。

あれから、中原は、恥を忍んでA社の営業部長に電話をかけ、出張する業務内容を簡単に話して、大阪に行くことを知らせた。部長は、中原が一人で来ることに驚きを示したが、会うことを快く引き受けてくれた。

中原は、部長の言葉に深く感謝した。仕事のうえでの知り合いにすぎなかったのに、こんなに快く会うことを許してくれた部長に、心から感謝したのである。

面会場所は新大阪駅の構内でと指定を受けた。

中原は、会ってくれることだけでも感謝した。難問を相談しに行くのだ。聞いてくれるだけでもいい。会ってK町の無礼を心から詫びて、できるなら穏便に話をしたいと思った。本来なら、訴訟を起こされても、おかしくない問題だ。本社から企画課への電話によると、訴訟の準備をしているとか。これは一筋縄ではいかないと、中原は覚悟を決めていた。新幹線は静かに、新大阪駅へ滑り込んで行った。

「さあ！　着いたぞ。勝負はこれからだ」

中原の脳裏に、図書館準備室の司書たちの顔がよぎった。

中原が改札口を出て辺りを見たら、部長はすでに来て待っていたとみえて、手を大きく挙げて所在を示してくれた。その笑顔は、全然変わっていない。

「お元気ですか！　館長は、大変な役目を受けられたのですね」

部長の第一声は、中原の心を、いたく揺さぶった。部長は、中原を前の職名で呼んでいた。それにしても、このおだやかな部長の態度が、中原の心を揺さぶったのである。中原は、これまで複数の新館をつくってきたなかで、A社とは数館契約を結んでおり、親しみは深かった。この度の問題は、いったん締結された図書購入契約が取り消されるか否かの瀬戸際にある。その契約の取り消しの役目を担ってやって来た中原に対し、こんなに穏やかな対応ができる部長の人間性の深さに驚きを感じていた。

中原は小心者である。契約解除の話を、どうやって切り出そうかと考えていた。ところが先に話を切り出したのは、やはり部長であった。

「あの件でしょう？　いいですよ」

一瞬、中原はキョトンとなった。

「え……？」

部長は続けて言った。

「他ならぬ中原館長が直々に来られたんだもの。実のところ、K町からあんな話があったとき、物凄く腹が立って、さっそく顧問弁護士に相談したところ、この件を訴訟に持ち込んだら、必ず勝訴できるとの返事がきました。さっそく重役会を開いたところ、訴訟に持ち込み、徹底的にK町をたこうとの結論が出たんです。私も当然のことと思い、着々と訴訟の準備に着手したんです。弁護士は、すでに訴状を書いていました」

「それがどうして！　止めると決めたんですか？」

と、中原。

部長は、いとも簡単に言ってのけた。

「中原館長。あなたなんです」

「え？」

「中原館長が図書館準備室に呼ばれて、図書館づくりを指揮しているというニュースが、舞い込んで来たんです。これはいかん。中原館長を困らせることは、これまでお世話になってきた弊社にとって許されないことじゃないのか。電算導入時期のあの時代。石橋を叩くようにしてB社をも含めて一緒にシステムの開発に苦しんで来た時の館長。お陰で今日見るような安定した電算の稼働が見られるのも、あの時代、つまり中原館長を中心としたシステム開発ができたからですよ」

中原は、あの時期の苦しみを思い出しながら、それにしても、こんなにスムーズに解決してよいものだろうかと。中原の思惑をよそに、部長は続けた。

「その中原館長が直々にみえて、この件の解決をお願いするとの由。私たちは迷いました。結局、中原館長の申し出を聞くことにしようと社長が決断したのです。重役会には社長が話すことにして、とにかく部長の私が中原館長にお会いすることになったのです」

中原は、部長の話を聞きながら、なんだか自分が恥ずかしくなってきた。A社は、このようにしてまでも私を立てようとしている。私は、何をしてきたのだろう。そしてK町のやり方に恥ずかしさを感じた。なんて狭い了見なんだろう。

K町は、A社が手を引いたら、さっそくB社と契約を交わすことだろう。中原は思い出した。B社の部長が最後に残した言葉「今にひっくり返してやるから」を。A社の社風とB社の社風とを比べるのもいやになった。部長の声が中原の胸を打った。

「ですから、館長、この件はなかったことにしていいんですよ。社長も中原館長に、久しぶりだからお会いしたいと申しておりましたが、重役会の手前、遠慮されました。よろしくとのことでした」

中原は、K町に帰ったら、すぐ辞職しようかと思った。K町のどす黒いやり方に嫌気がさしてきたのである。こんな恥ずかしい使者なんかやるんじゃなかった。あまりにも小さな考えだ。A社とB社を比較すれば、大人と子ども、月とスッポンじゃないか。

中原は、これまでにも難しい仕事を何回もこなして来たが、こんな恥ずかしい目にあったのは初めてだった。もうこんなことやめよう。そして大学に帰って学生たちと一緒に勉強しよう。

しかし、この大阪の件だけは解決しないといけない。旅費を使って来ているのだから。それにしても、部長にはこれ以上会わせる顔がない。思い切って言った。

「部長、本当に申し訳のないことをしました。心から謝ります。A社のお気遣いに感謝します。そこで、誠に申し上げにくいのですが、契約解除を承諾したという一文を書いていただくわけにはいかないでしょうか？」

中原は、これが精一杯のお願いだと思った。

「ああ、契約解除の承諾書ですね。もう書いて来ましたよ。これをどうぞ」

部長は、一枚の紙を中原に手渡した。そこには、「契約解除の申し出に同意します」旨の文字があり、社長の署名捺印があった。

中原は、頭が自然と下がって、「ありがとうございました。申し訳ありませんでした」と言うのが、精一杯であった。

中原は、新大阪駅から博多行きの新幹線に乗り、K町に帰った。時間は午後4時半。準備室には、靖子たち司書が、中原の帰りを待っていたようだ。中原は準備室への途中で企画課に寄って、係長に〈契約解除の承諾書〉を渡して来た。中原は辞職しようと決断したつもりだったが、司書たちの顔を見たとき、この決断は完全にゆらいでいた。ここにいる司書たちは、私を頼って集まって来たのだろう。少なくとも靖子は、そうだった。

中原は考えた。たとえそうでなくても、自分の人生の一時期を私に託して、ここに集まって来たのは事実であった。この司書たちを残して、自分だけが大学に戻り、のうのうと暮らしていいものだろうか。自分も、このK町に図書館をつくると約束したのだ。だったら図書館ができるまでは、この仕事をやろう。やるからには、魂を入れた立派な図書館をつくらないといけない。中原は、別の決断をした。図書館が無事にできたときには必ず去ると決心しながら。

図書館は完成した。司書たちの惜しみない努力によって、立派な図書館ができた。

中原は、曇りのない鏡のような気持ちで、駅のプラットホームに立っていた。明日は開館日。たくさんの町民が利用してくれればいいが。そうなれば自分とともに苦楽を共にした司書たちの努力も報われるだろう。いろいろあったが、あの契約解除の件だけは、今でも解せない。と、そのとき、甲高い大きな声が背後から聞こえて来た。

「室長！　中原室長！」

中原は振り向いた。司書の靖子だ。そうだ、靖子にだけには、自分が辞めることを話しておくべきだった。

「中原室長、なぜ辞めるんですか。なぜ話してくれなかったんですか。どうしてなの！」

中原を心から慕ってくれて、難しい仕事を率先してやってくれた靖子だった。図書館が作れたのも、この靖子がいてくれたからだ。この人だけには、自分が辞める、本当の気持ちを伝えたかった。しかし、本当のことを話したら、靖子は、この町がいやになって、自分と一緒に辞めると言い出しかねない。そうなると、せっかく苦労してつくりあげた図書館は、実務的に誰が中心になって運営するのだ。それは困る。中原は靖子を不憫とは思いながらも、本当のことを話さなかった。それが悪かったのか、彼女をいたく傷つけてしまった。中原は、取り返しのつかないことをしてしまったと悔やんだ。

「靖子さん、ごめんね。許してください」

心の中で手を合わせながら、涙が出そうになった自分を、やっと抑えた。

「靖子さん、ありがとうございました。また、きっと会おうね」

そう言うのが精一杯で、彼は電車に乗った。

3年間の図書館創設の苦しみよりも、この靖子との別れが、いちばんつらかった。もう二度と、こんな優秀な司書と会うことはないだろうと思いながら……。

14

「指定管理者制度」と公立図書館の関係を考える

中原は、今日の公立図書館の現状を憂い、やむにやまれぬ気持ちで次の文章を綴った。人間は、どん底まで落ち込んだら、基本に立ち返り、原理原則から考え抜き、立ち直るための最良の方法を発見すると信じているからである。

私たちが、いちばん慣れ親しんでいる図書館といえば、一般的に公共図書館といわれているものです。いわゆる公共図書館は、すべて「図書館法」（昭和25年法律118号）という法律で、管理・運営のことが定められています。その第2条で地方公共団体が設置する図書館を「公立図書館」、日本赤十字社や民法第34条に定める公益法人が設置する図書館を「私立図書館」と定めています。したがって、公共図書館といえば、特に断りのない場合は、この二種類を含んだところの図書館を意味します。

今日の公共図書館は、かつての戦前・戦中時代のように、利用者は学生主体ではありません。公共図書館の利用者を表現するとき、私たち図書館人がよく使う言葉は、「赤ちゃんからお年寄りまで」を指しています。つまり、幅広い年齢層の人々に利用されているのです。

さらに今日、図書館が社会に果たす役割といえば、第一に、地域の情報拠点としての役割があります。

今日の図書館が収集している資料には、本や雑誌、新聞などの活字情報だけでなく、ビデオ、CD、DVDなどの映像や音響資料などの情報、さらにはコンピュータを媒介とした情報など、さまざまなものがあります。

第二に、地域の読書施設の役割があります。多くの図書資料に囲まれて、わからない事柄があれば、近くにある辞書で調べるなど、まさに書斎がわりといってもよいでしょう。

第三に、地域のさまざまな情報を保存し、活用する役割があります。これは、まさに図書館の最大の責務ともいえるでしょう。変化の激しい現代社会の中で、伝統的な文化を継承したり歴史を残していくことも、図書館の役割でしょう。

第四に、住民の生涯学習を支援する役割です。個人の学習に必要な資料を収集したり、グループやサークル活動を支援することも、大きな役割です。

そして、図書館本来のサービス業務を行いながら、これら図書館が果たすべき役割を遂行していくのです。最近でも、著名な作家が、「図書館は、無料貸本屋である」との趣旨の文章を雑誌などに書いていますが「貸本屋」で、このようなサービスを展開しているでしょうか。できないでしょう。だから「貸本屋は、貸本屋」なのです。図書館は、決して「貸本屋」ではありません。社会が必要とする図書館サービスを、きちんと実施しております。

さて、もうおわかりのように、これらの図書館の役割を実践し、図書館サービスを提供していくのは、先の図書館法が定める専門的知識を有した司書職員です。専門的業務を実行していく能力をもっている職員は、司書資格をもつ者に限られていると言っても過言ではありません。

全国の公立図書館の数は、平成26年度の数値を基に考えてみると（『図書館年鑑2014年版』による）、分館を親館に含めた場合、県立図書館を含めて3228館あります。それに図書館サービス対象の人口が、全国の国民数1億2843万8000人（住民基本台帳人口要覧平成26年度による）です。これらのサービス対象人口に図書館奉仕を行う専任の職員は、1万1105人。うち有資格者は、5854人。この数字は正職員の数です。1館あたりの正職員の数は、約3・4人になります。

ところで、わずか1万1105人のなかでも、専門的職員である司書有資格者は、約半数の5854人です。それだけの職員数で3228館を運営できるはずがありません。図書館利用者にサービスを行うため必要な職員数は、サービスの対象となる人口には関係なく、図書館がサービスするのに必要な業務の種類の多寡によって決まるのです。例えば、図書館資料の選択を図書だけにするのか、新聞、雑誌などの活字資料やビデオ、CD、DVDなどの映像資料、音響資料に加えて、コンピュータによる情報なども収集するかによって、必要とされる職員数は変わってきます。図書館の日常業務の中で、例えば、貸出、返却、書架の配列しか行わなければ、職員数は小人数で済むでしょうが、今日、これだけのサービスでは、利用者は決して満足しないでしょう。

また、図書館資料を本館だけに整理して配列していても、つまり情報源を本館に固定化しているだけでは、十分に活用されるとは言い切れません。

図書館資料、つまり情報源を活用するには、これらを本館に留めるのではなく、積極的に本館外に持ち出す必要があります。本館から距離が遠い場所に居住する人々、さらには、病院に入院して本館に来られない人々、来館できない事情のある人々にも本館同様の図書館サービスを実施することが、重要な業務となります。今日、これらのサービスに力点を置いているのが移動図書館です。このサービスを実施していない図書館は、果たして現代社会に適った図書館といえるでしょうか。ここでもまた、移動図書館車を運転する技術職員と司書職員が必要です。

図書館はさらに、重要な責務を担っています。それは教養・人文・社会・産業・科学分野など、あらゆる分野で必要となる調査・研究に対して、司書は要求に応じて、利用者を支援する業務、いわゆるレファレンス業務を行います。これは事案によっては、大変時間を要するもので、1日に数件あれば、司書はこれらの業務に追われ続けます。

図書館の業務は、まだまだたくさんあります。そのすべての業務は、利用者の利益のためにあり、司書の数が少なくて利用者の要求に追いつかなくなると、不利益を与えることになり、不満が生じます。だからこそ職員数の多少は、利用者の利益・不利益に繋がり、図書館の運営には重要な要件となるのです。

現代の図書館にあっては、かつて存在していた全国公共図書館協議会の数値によれば、図書館一館あたり約20人から25人の司書職員が必要としました。

これは図書館の大小によって決まるのではなく、図書館業務の実施状態によって決まるものです。つまり業務に積極的に取り組んでいる図書館は、職員を多く必要としますし、業務に消極的な図書館は職員数が少なくて済むのですが、代りに利用者の不満が募り、ほとんど利用のない図書館になるでしょう。

ところで、今日の図書館の実状を見ると、先にも述べたように、1館あたりの職員数は、4人いるかどうかの状態で、これらの職員は正職員です。もちろん運営は、自治体直営の場合です。これでは何もできないでしょう。あと20人ほど専門職員が不足しています。その差はどうしますか。これは今日における政府および地方自治体の共通の問題なのです。

第二次世界大戦に大敗したのが、昭和20年8月15日です。以来、日本の国は戦後復興に努め、一時は経済大国といわれるまでに成長しました。しかし、その繁栄は長く続かず、公害問題が急速に生起し、それが大きな原因となって、やがて経済大国は急速に減退し、公経済・私経済ともども不景気の兆候が現れ、国の経済のすべてが、低調になって今日に及んでいるのです。

政府予算の低調は、地方公共団体の予算にも現れ、公共事業の減少とともに、事業に対する人件費の減少に向かう結果となりました。

したがって、公立図書館にも直接の影響が及び、特に新規採用による司書の増員は図られず、逆に人員の減少と人件費の減額となって現れてきました。つまり現代社会は、人件費縮小の時代にあります。地方公共団体は、すべての公費予算の中から人件費の削減を考案しているところであって、図書館の職員を相当数採用することは、考えられないことです。

これでは図書館の運営が不可能になることは、明らかです。

平成13年4月に小泉純一郎氏が内閣総理大臣に就任以来、規制緩和の一環として官民など三位一体の政策を掲げ、民間でできるものは、民間に任せるという方針を採用しました。平成15年6月には地方自治法の一部を改正して、公の施設の管理を民間で行うことができるとしました。いわゆる「公設私営」の方式です。

この方法でいきますと、図書館、公民館、博物館、美術館やスポーツ・センターなどを設置する地方公共団体は、地方自治法第244条の2各項の規定によって、これら公の施設を第三者に管理させるため、本条に定めた手続きを経て指定した、いわゆる指定管理者を決定して、これに公の施設の管理を任せることができるように、制度化されたのです。

　また指定管理者には、非営利団体のほか営利団体も指定することができるので、株式会社などのように利益を追求する団体も、指定を受けることが可能になったのです。施設の管理を任されるために指定を受けた、いわゆる指定管理者は、施設の利用に関する事項について、特に法律で禁じられているもの以外の利用事項については、利用料金を、独自の立場で決められることになりました。もちろん、この場合は、事前に当該地方公共団体の承認を必要としますが、これまでに実施されていた第三セクターなどに業務委託をした場合と違って、指定管理者が独自に決定することができるようになったのです。

　図書館もまた、例外ではありません。しかし、図書館法によって、公立図書館は、図書館資料の利用に対して対価を徴収できないことになっています。もし指定管理者が何らかの金銭を徴収して利益を得たいとするならば、これら以外のものについて、例えば集会室の利用料金などを徴収することが考えられますが、目に見えて指定管理者の利益になるのは、職員に支給する人件費をカットして、その差額を利益として得ることでしょう。

　指定管理者が地方公共団体と図書館の管理契約をして得た契約金の中から、図書館の管理業務に必要な司書職員を採用することになります。先に述べたように、図書館の業務には、利用者を満足させるために多くの司書が必要であり、これらの職員を採用するには、多額の金銭を必要とします。

地方公共団体が契約金を算定する場合、予算構成の一部である人件費を算出する必要があります。例えば、人件費の積算基礎を、当該地方公共団体の中級職採用試験に合格して採用した職員と同じ本俸額で計算したとします。指定管理者が採用した司書職員に、初級職試験に合格した職員と同じ額の本俸しか支給しないとすれば、その差額は、当然指定管理者の利益になるのです。株式会社が利益の少ない図書館を経営することは、利益があるからこそ経営するのであり、利益がないことが明確な図書館を経営することは、考えられないことです。常識では理解できません。

経営上、どこで利益を捻出するのかと考えれば、結局、司書職員が得るべき利益、すなわち、個人が得るべき給料や賃金をカットして、カット分が指定管理者の利益となり、司書職員はカットされた分だけ支給されないことになります。言葉を換えれば、指定管理者は、司書職員の犠牲の上において、利益を得ているのです。

一体、どれだけの金額が支払われているのでしょうか。これは指定管理者と地方公共団体との契約が一定ではないため、契約金額の比較はできません。しかし、考えられることは、指定管理者契約書上では、公の施設を管理・運営をなすに当たり、十分な金額で契約を締結していることでしょう。にもかかわらず、実際に支出する場合には、まったく異なった算定基礎を適用しているのです。特に人件費の算定基礎は、想像ができません。

私が見聞した指定管理者の下で採用された司書職員の苦しい打ち明け話によりますと、経験年数が複数年の女性の職員で、手取金額は10万円前後だそうです。昇給はほとんどないとのこと。ボーナスは数千円あったりなかったりだそうです。私が想像するに、手取金が、仮に10万円前後であるとするならば、給与支給者である指定管理者は社会保険料、失業保険料などの半額を負担するのですが、残りの半額は司書職員本人が負担することになっており、支給額から指定管理者が差し引いて本人に手渡すことになっておりますので（労働基準法）、これらの金額を差し引く前の、いわゆる総支給額を推定しますと、おそらく13万円弱ぐらいになるでしょうか。多くても15万円ぐらいで、これは最大限に見積もっての話です。それでは人ひとり家賃を払って生きて行くには難しい金額だと思います。ましてや家族を養っていくことは、想像もできません。これが現実です。司書職員に希望がもてるでしょうか。司書職員は、行政上の位置では、「技術職員」といわれています。図書館法の第3条による図書館業務を実施するために、日頃の研究を怠れば、利用者はそのサービスに満足しないでしょう。したがって日々研究に研究を重ねていくことが要求されていると解釈されますから、当然「技術職員」であるべきではありますが、もう一歩突っ込んで考えますと、「研究職」であっても、何ら不思議はないと思います。

これだけの義務的業務を背負っているのですから、日々の研究に耐えるだけの金銭的補助を含んだところの給与を支給すべきであると考えてもよいと思います。

次に不安の原因は、司書職員が採用されている指定管理者が、いつまで現在の業務を行っている図書館（地方公共団体）と、管理契約が継続するかということです。契約が切れた時が縁の切れ目で、場合によっては、図書館の業務そのものと決別する運命が待っているからです。ですから契約期間が切れたとき、次期以降は、果たしてこれまでどおりの契約が更新されるか否かが大問題になります。更新されるか否かはわかりません。

なぜなら、今日、国及び地方公共団体は、業者を相手にして物品の購入、契約や業務の委託契約などを締結する場合、特定の業者のみを相手にして行うことは、堅く禁じられているからです。各地方公共団体の財務規則によって、複数の業者を相手に仕様書を提示して、公平さを守りながら、入札を実施して、業者を決定しています。これを一般競争入札あるいは、実施方法の違いによっては指定競争入札といっています。指定管理者契約も同じやり方で行います。

したがって入札の結果、これまでと同じ業者が落札するとは限りません。つまり、今日まで業務を行っていた図書館で、そのまま業務を行うことができるか否かは、これまでの指定管理者が同じ地方公共団体に入札を行い、ほかの競争業者よりも安い金額で入札をし、しかもその金額が地方公共団体が予定した金額よりも低価格だった場合、これまでの業者が落札したことになり、契約期間内の業務を行うことができるのです。もしほかの業者が、それ以上に安価で入札したならば、その業者が落札したことになり、これまでの業者は、業務を行うことができなくなります。これまでの業者、つまりこれまでの指定管理者が採用していた司書職員は、全員解雇されてしまいます。そして新しい指定管理者が採用した司書職員が、図書館の業務を始めるのです。これらの司書職員は、図書館業務の経験が浅く、慣れるまでに数か月かかります。すなわち指定管理者制度では、常にこの不安がついてまわるのです。

この制度を図書館側から考えてみますと、せっかく図書館に配属されて、図書館の業務に精通して来たころに、指定管理者との契約切れとなり、新しく地方公共団体が契約した指定管理者の司書職員と交替することになり、図書館サービスに混乱が生じて、利用者がとまどい、ために図書館離れが生じてくるでしょう。そうなれば図書館の存在に、陰りが生じてきます。これは図書館の業務サービスの質の低下と映り、命取りになるのです。

なぜなら、司書職員は、業務の経験を積むほどに上達していくものでありますから、司書職員がせっかく経験を積んで業務に慣れ、図書館利用者の信用を得ていたのに、まったく経験のない司書職員が配属されてくるからです。図書館もこの指定管理者制度は大いに困りものであります。

また、この制度を導入しますと、司書職員の在職期間が大変短くなり、細切れのように変転して実力が身につかなくなります。一か所に落ち着いて研究できる環境が望まれます。

さらに図書館長になる人は、必ずしも司書の有資格者ではなく、図書館経験もない人が座ることが多く、ために司書職員を十分に研修することができません。人間関係が思うようにいかず、対利用者関係や対職員関係がギクシャクして、面白くない職場環境になってしまいます。職員間のいじめは、よほどしっかりした館長でないと見抜くことができません。このいじめは、陰にこもって蔓延し、才能のある司書職員をだめにしてしまいます。司書職員の間で胃潰瘍などの病気が発症しだしたら、まずもって、いじめがあると考えても間違いありません。館長は常に、職員の感情の揺らぎなどに注意を払い、職員の健康を維持することに努めるべきです。館長は、お飾りではありません。

指定管理者によって管理運営されている図書館は、果たして公立図書館と言えるでしょうか。確かに公費が指定管理者に渡り、その費用を使って図書館を管理運営しているから「公立」だということもできるでしょうが、その「公費」の使用が指定管理者という私人であるところから、実質は「私立」ではないのでしょうか。事例で考えてみましょう。

例えば、図書館の利用者が館内で、階段あるいはフロアの段差、また点字ブロックなどにつまずいて、体の一部を打撲してけがをした場合、けがをした利用者は、「市立」図書館でけがをしたのだから、当然、市長に対して損害賠償や慰謝料、それに治療費や休業補償費などを請求するでしょう。

市長は、図書館の設置者として、これらけがをした利用者の要求に応じなければなりません。しかし、これを「図書館は、地方自治法の定めにより、指定管理者に管理運営をゆだねているので、指定管理者が、その責めを負うべきだ」としてその責任を指定管理者にかぶせることができるでしょうか。指定管理者が「市が建設した庁舎に瑕疵があって、利用者がけがをしたのだから、責任は当然、市長にある」と主張して譲らなかったら、どうしますか。もし裁判になったら、どちらに当事者能力がありますか。

簡単なように思えますが、指定管理者問題では、いちばん難しいところです。しかし、利用者側からみれば、「市立図書館」の看板を掲げているので、「市長」に責任があると思うのは当然のことでしょう。

さらに司書職員にも問題が生じます。

大学生の時に、図書館の仕事に興味をもち、どうしてもその仕事がしたいと考えて、在学中に図書館学の単位を修得して、専門職に必要な司書の資格を得た人々がいます。あるいは卒業してから図書館の仕事に興味をもって、情熱を燃やしながら大学に再入学して、あるいは仕事をしながら大学の通信教育部に入学して、やっとの思いで司書資格を取得した人々がいます。しかし、公立図書館の司書職員の採用はなく、あるのは地方公共団体が直接に管理運営していても、司書職員の採用は正職員ではなく、嘱託や臨時職員ばかりが採用される時世です。唯一の指定管理者制度のもとで、図書館の仕事にありつけたと思ったのも束の間、先に述べたような環境によりに情熱の火が消え、将来の希望を完全に失ってしまうのです。

これでは図書館の進歩はなく、まして司書職員の情熱に火が灯るようなことも、絶対にないでしょう。ましてや図書館業務発展の基礎になる、図書館学に興味をもち、研鑽を重ねて、図書館学会などで発表して、図書館界の発展に寄与しようとする意欲も湧かないことでしょう。

したがって、この指定管理者制度を維持し続けるならば、図書館業務は形骸化し、先進国の図書館に比して目に見えて遅れをとり、文化の劣化に拍車がかかることは必至です。

私は、このような現在の状況から早急に脱して、正常な状態になることを心から願います。さらに憂うべきは、司書職員の低賃金の状態が続けば、司書を志して努力してきた人々が、指定管理者に寄り付かなくなることです。つまり、指定管理者として図書館の管理運営を落札して司書職員を公募しても、低賃金ゆえに生活ができないので、応募者がいなくなることです。すると、せっかく落札した指定管理者は、その権利を返上することになるでしょう。指定管理者制度そのものの崩壊となります。

そうなれば、公立図書館の設置主体である地方公共団体は、自己能力で直接運営に入るか、それとも財政難を理由に図書館そのものを廃館にするかのどちらかしか選択肢は残りません。その危機を避けるためには、今のうちに、指定管理者が支給する給与などの賃金額を、業務内容に相当する金額に引き上げることです。人は生活ができない額の賃金では、仕事への情熱を失い、ひいてはその職場の士気が沈滞してしまいます。図書館でいうなら、利用者の満足を得られなくなり、信用は失墜してしまうでしょう。

現状のままでは、公立図書館の終焉は、時間の問題だと言っても過言ではありません。今のうちに何とかしなければ……。

中原は、ここまで考えて、フッとため息をつき、ペンを置いた。頭の中は、やるせない気持ちで一杯だった。

解説

伊東 達也

この作品は、著者の図書館人としての経歴に沿った一連の物語であるが、それぞれのエピソードには、背景として１９８０年代後半から２０００年代初頭にかけての福岡県の公立図書館をめぐる状況が反映している。

１９８６（昭和61）年の終わりから１９９１（平成３）年初め頃までの好景気をバブル期とするならば、本書でＤ市として登場する福岡県太宰府市に市立図書館が開館したのは１９８６年11月であり、まさにその直前のことである。

著者の分身である中原氏は、その市立図書館で、チーフレファレンサーとして活躍していた県立図書館から抜擢され図書館長として着任した。そして、日本で初めての司書業務への業務委託導入を悩みながらも決断し、これも日本初となる図書館業務の完全コンピュータ化と、それに伴うコンピュータメーカーとのパッケージの共同開発を進めていったのである。

この太宰府市を皮切りに福岡県では中小の市町立図書館の設立が続く。80年代半ばから2000年代にかけて毎年複数の新図書館が誕生したが、太宰府市に隣接する筑紫野市が1990（平成2）年、春日市が1995（平成7）年、粕屋町が2000（平成12）年であり、県内最大の蔵書をもつ福岡市総合図書館も1996（平成8）年に開館している。太宰府市民図書館開館以前には96市町村（当時）に16館しかなかった県内の公立図書館は、粕屋町立図書館が開館した2000年には66館を数えた。

バブル経済の余韻の残るなかで地方自治体の施設整備が進んだ結果であるが、他の施設に先がけて図書館の設立が進んだ背景には、80年代以降、国民の要求がハードの充実からソフトの充実へ、生活の満足感を求めるものに変ってきたという事情がある。

周知のように、1970年代には、子どもの読書環境の改善を求めて、子ども文庫と総称される家庭文庫や地域文庫が全国各地に続々と生まれた。この子ども文庫運動が、公立図書館の設置を自治体に求める図書館づくり運動に発展していくのだが、福岡でもこの時期に図書館づくり運動が盛んになっており、なかでも太宰府市と筑紫野市のそれは規模の大きなものであった。

太宰府市（当時太宰府町）では、1976（昭和51）年、文庫連絡協議会のはたらきかけによって、勤労婦人福祉法に基づく「働く婦人の家」の中に図書室がつくられ、1979（昭和54）年には、町の文化祭で既存の移動図書館車（久留米市）を借用した図書貸出のデモンストレーションが行われた。その後1981（昭和56）年には図書館の開館に先行して移動図書館車が巡回を始め、この年太宰府町は13万冊という、図書館をもたない自治体として前例のない貸出数を記録している。

太宰府市民図書館は、開館と同時に貸出数約37万冊で人口4〜6万人規模の図書館のトップとなり一躍注目を集めるが、それ以後も利用者数は増え続ける。80年代以降の全国的な図書館利用増加の波が太宰府から福岡県内に及んだかたちだが、当時、それに対応するために必要な司書及び司書補の数についての規定は、1950（昭和25）年に定められた図書館法第19条（1999年の改正により削除）の「国庫補助を受けるための公立図書館の基準」しかなく、この第19条に対応した図書館法施行規則の「公立図書館の最低基準」として、「市立図書館の司書及び司書補の数は、人口3万人の場合は2人、人口3万人以上10万人未満の場合は2人に3万人を越える人口2万人につき1人を累加した数」（第16条）という算定方法が示されているだけであった。

市立図書館の開館にあたり、太宰府市はこの基準に沿った4人の司書職員を採用しているが、増え続ける利用に応じるには4人という「最低基準」では到底足りるはずもない。中原氏は、図書館への期待が高まった時代の波のなかで適正な図書館サービスを提供するために、業務委託による職員の確保と図書館業務の完全コンピュータ化に踏み切ったといえる。

一方、「わがまちにも図書館を」と、太宰府市民図書館の発展形をめざした筑紫野市でも、子ども文庫による図書館づくり運動と移動図書館へのこだわりは共通しており、既に1972（昭和

47）年には、太宰府に先んじて移動図書館車を他市から借用して市内を走らせ、図書館設立の機運を盛り上げる活動をしていた。市域が広く山間部の多い筑紫野市の移動図書館車は坂道に強いトラック改造型で、現在でも利用者は多い。エピソードのひとつ、C市の移動図書館車の車検を「9回裏、ツーアウト満塁」の大ピンチから通した中原氏の背後には、待ちに待った自前の移動図書館車に期待する多くの筑紫野市民がいたのである。

来館者が増えるにつれて、日々の図書館のカウンターでは、それまでにはなかったような、さまざまなドラマが生まれた。破損した本の弁償、蔵書の選定と読書の自由、利用者のプライバシーの保護、未成年者の利用登録など、エピソードとして取り上げられたもののほかにも、図書館の運営方針そのものを問われるような課題やトラブルが頻出するようになった。この時期の各図書館での体験を通じて、中原氏の図書館哲学は形づくられ実践されてきたといえるが、一貫していることは、公立図書館は何のために存在しているのか、その原理に照らしながら、ひとつひとつの業務やサービスを行うという姿勢である。

図書館サービスの究極の目的を常に意識しながら、その実現のために必要な業務を組み立て、守られなければならない原則を見極める。図書館員としての行動の原理を自らの中に確立することを、自身だけでなく部下にも促している中原氏は、この時期の代表的なチーフライブラリアンであったと同時に、教育者としての資質を十分に兼ね備えていた。後の大学教員としての活躍も至極当然のことといえるだろう。

太宰府と筑紫野から始まった福岡の図書館設立ブームは、２０００年代中頃には落ち着きをみせるが、この頃にはコンピュータによる図書館業務管理システムは完全に普及し、資料の購入にあわせて目録作成と装備作業を委託することも一般化した。

また一方で、２００２（平成14）年の「公益法人等への一般職の地方公務員の派遣等に関する法律」の施行に伴い、市町村職員と委託司書の業務内容の区別の明確化と混在の禁止が求められるともに、各自治体は、あらためて図書館の運営組織の見直しを迫られるようになる。福岡県内の図書館もこの時期に運営組織を変更したところが多くあるが、職員の不足を補う部分的な業務委託のほかに、自治体が出資する法人への管理運営委託、民間の事業者も含めた指定管理者制度の導入など、現在では公立図書館の運営形態も多様化している。

著者の教えに「図書館のカウンターでは、自分が市長だと思って市民にサービスしなさい」という言葉がある。公共サービスを実践するものとしての責任の重さを示したものだが、同時に、目の前のひとりの市民に対して、どのようにサービスするのかということについては、図書館員は最高の行政判断を任されているということでもある。

このときの判断の根拠になるのは、図書館員自身が体得した図書館サービスの原理・原則である。その運営のありかたをめぐって「公共図書館とは何か」ということが、あらためて問われている現在、数々のエピソードを通して説かれる中原氏の図書館哲学は、現場で苦悩している図書館員にとって、大きな拠りどころになるに違いない。

（春日市民図書館司書、九州国際大学非常勤講師）

著者プロフィール

坂井 暉（さかい・あきら）

……………………………………

1974年、慶應義塾大学法学部法律学科卒業。
1998年、九州大学大学院法学研究科修士課程修了。
福岡女子大学附属図書館、福岡県立図書館勤務等を経て、
福岡県太宰府市民図書館・筑紫野市民図書館を創設し館長。
純真女子短期大学助教授、九州龍谷短期大学教授等を歴任。
現在、近畿大学通信教育部非常勤講師。

……………………………………

図書館つれづれ草

—ライブラリアンシップを考える現場ストーリー集—

2016年 5月26日　初版第1刷発行

検印廃止

著　者© 坂　井　　暉
発行者　大　塚　栄　一

発行所　株式会社 樹村房
〒112-0002
東京都文京区小石川5丁目11番7号
電話　東京 03-3868-7321
FAX　東京 03-6801-5202
http://www.jusonbo.co.jp/
振替口座　00190-3-93169

デザイン・組版／BERTH Office
印　刷／美研プリンティング株式会社
製　本／有限会社愛千製本所

ISBN978-4-88367-264-6